"Lebih dari sebelumnya, orang-orang Kristen saat ini harus tahu bagaimana membela kebenaran firman Allah di tengah-tengah dunia yang semakin bermusuhan. Di dalam buku yang diperuntukkan bagi orang Kristen maupun nonKristen ini, Gilbert mengajukan argumen-argumen yang meyakinkan bahwa Alkitab dapat dipercaya dan memperlengkapi orang-orang percaya dengan sebuah alat yang penting untuk menghadapi dunia yang skeptis."

Josh McDowell, penulis dan pembicara

"Buku ini memenuhi sebuah kebutuhan besar di zaman ketika orang-orang mengajukan segala macam pertanyaan yang sah mengenai Alkitab dan apakah itu dapat dipercaya bahkan sebelum mereka membacanya. Buku *Mengapa Harus Percaya Alkitab?* karya Greg Gilbert ini menjawab pertanyaan-pertanyaan tersebut dengan membahas serangkaian pertanyaan yang biasanya diajukan orang-orang supaya mereka *tidak* membaca kitab yang paling agung tersebut. Dalam bahasa sehari-hari, ia menunjukkan mengapa kita bisa memercayai Alkitab dan memperhatikan apa yang dikatakannya tentang hidup."

Darrell L. Bock, Direktur Eksekutif Bidang Keterlibatan Budaya, Howard G. Hendricks Center, dan Guru Besar Peneliti Senior Studi Perjanjian Baru, Dallas Theological Seminary

"Bisakah kita memercayai Alkitab? Ini sebuah pertanyaan yang penting untuk kita pikirkan, khususnya di hadapan orang-orang yang skeptis di dalam budaya kita. Greg Gilbert menanggapi pertanyaan ini secara langsung, dengan menyediakan jawaban-jawaban yang jelas dan meyakinkan yang akan menolong pembaca untuk benar-benar memercayai Alkitab. Buku *Mengapa Harus Percaya Alkitab?* adalah sebuah buku yang baik dalam memperlengkapi orang-orang Kristen untuk membela Alkitab dengan semangat, dan menantang orang-orang yang skeptis untuk memikirkan ulang pendapat mereka. Saya banyak memperoleh manfaat dari membaca buku ini."

Christian Wegert, Pendeta Senior, Arche Gemeinde, Hamburg, Jerman

"Buku yang luar biasa ini menyediakan rangkuman yang baik atas bukti-bukti yang mendukung aspek sejarah Alkitab. Buku ini didukung dengan argumen-argumen yang mantap, ringkas, menyeluruh, mudah dibaca, dan meyakinkan. Saya tidak hanya merekomendasikannya tetapi juga akan menghadiahkannya kepada sahabat-sahabat saya—entah mereka orang percaya atau skeptis."

William Taylor, Rektor, St. Helen's Bishopsgate, London; penulis, *Understanding the Times and Partnerships*

"Banyak mahasiswa yang saya kenal menyadari bahwa mereka seharusnya memercayai Alkitab, tetapi mereka tidak tahu mengapa—sehingga sering kali mereka tidak percaya. Buku ini menjawab pertanyaan itu dengan jelas dan mudah dibaca. Karena berasal dari penelitian yang cermat dan mudah dibaca, buku ini akan menjadi salah satu buku rujukan baru saya bagi para pencari kebenaran dan orang-orang yang baru percaya kepada Yesus."

J. D. Greear, Pendeta Utama, The Summit Church, Durham, Carolina Utara; penulis, *Jesus, Continued . . . Why the Spirit Inside You Is Better Than Jesus Beside You*

"Greg Gilbert adalah seorang pemandu yang ramah dan meyakinkan di salah satu jalan yang penting untuk memercayai Alkitab. Ia menjabarkan serangkaian pemahaman akal sehat yang sederhana yang menjalin banyak argumen rumit untuk membuktikan bahwa Alkitab dapat dipercaya sebagai dokumen sejarah. Bagi orang-orang yang menyelidiki Alkitab—dan bagi orang-orang yang suka membagikannya—buku ini menerangi jalan tersebut, tidak hanya untuk menjernihkan pemikiran tentang Alkitab, tetapi juga agar kita dapat menjumpai Kristus yang telah bangkit."

Kathleen B. Nielson, Direktur Inisiatif Wanita, The Gospel Coalition

Mengapa Harus Percaya
Alkitab?

Greg Gilbert

MENGAPA HARUS PERCAYA ALKITAB?
oleh Greg Gilbert

Why Trust the Bible?
Copyright 2015 by Gregory D. Gilbert
Published by Crossway
1300 Crescent Street
Wheaton, Illinois 60187, U.S.A.
This edition published by arrangement with Crossway
All rights reserved.

Penerjemah : Phillip Manurung
Editor : Euodia Yosephin
Layout : Marsha Marcella
Cover Design : Elisa Emanuela

Diterbitkan oleh:
Omid Publishing House
Apt. Menara Kebon Jeruk Ruko I
Jl. Arjuna Utara no. 16
Jakarta Barat 11510
Indonesia
Telp: 021-5694-5506
Email : omidmedia@gmail.com

9Marks ISBN: 978-1-958168-63-9

Untuk Ayah dan Ibu saya.
Kalianlah yang pertama kali mengajarkan kepada saya
bahwa Alkitab—
dan Juruselamat yang diberitakan-Nya—
layak dipercaya.

Daftar Isi

1

Jangan Percaya Semua yang Anda Baca

Jangan percaya semua yang Anda baca. Semua orang tahu itu.

Khususnya di zaman internet ini, hanya orang bodoh yang menerima semua yang ia baca sebagai kebenaran yang mutlak. Dari surat kabar dan majalah sampai tabloid dan iklan jebakan-klik di internet, salah satu keahlian yang paling berharga untuk dipelajari adalah dapat membedakan antara fakta dengan fiksi, kebenaran dengan kebohongan. Kita tidak mau tertipu, dan kita dibenarkan bila kita tidak menginginkannya.

Di keluarga saya sendiri, saya dan istri saya berusaha keras untuk mengajarkan hal itu kepada anak-anak kami—keahlian membaca dan mendengar dengan cermat, tidak langsung menerima semua yang mereka baca atau dengar tetapi mengujinya terlebih dahulu dan melihat apakah itu dapat dipercaya. Bahkan, kami mengajarkan putri kami yang baru berusia 5 tahun untuk mengenali perbedaan antara hal-hal yang nyata dengan hal-hal yang sebatas cerita. Ia semakin pintar membedakannya.

- George Washington adalah presiden pertama Amerika Serikat. "Itu benar, Ayah."
- Paman Matt mendapatkan pekerjaan baru dan pindah ke luar kota. "Itu juga benar."
- Batman mengejar Joker dan menjebloskannya ke dalam penjara. "Itu hanya cerita."

- Elsa membangun istana es hanya dengan kekuatan gaibnya membekukan udara. "Hanya cerita."
- Superman terbang? "Hanya cerita."
- Pada suatu hari di sebuah galaksi yang sangat jauh . . . "Cerita!"

Namun, bayangkan ketika saya mengumpankan sebuah soal. Seorang pria bernama Yesus dilahirkan oleh seorang gadis perawan dua ribu tahun yang lalu, mengklaim diri-Nya sebagai Allah, mengadakan banyak mukjizat seperti berjalan di atas air dan membangkitkan orang mati. Ia kemudian disalibkan oleh pemerintah Romawi, lalu bangkit dari kematian dan naik ke surga, di mana sekarang Ia memerintah sebagai Raja atas alam semesta.

Bagaimana ia akan menjawab teka-teki itu? "Hmm, benar?"

Jika Anda orang Kristen, maka saya yakin Anda akan menjawab dengan yakin: "Itu benar." Namun, jujur, kebanyakan orang di dalam budaya kita menganggapnya aneh. Orang yang waras tidak akan menganggap serius cerita tersebut. Dan, jika mereka mendapatkan kesempatan, mereka mungkin akan bertanya sambil tersenyum dengan sopan, "Bukankah akan lebih masuk akal—tidakkah akan terdengar sedikit *kurang konyol*—bila kita mengakui bahwa cerita-cerita fantastis tentang Yesus itu hanyalah cerita? Bukankah tidak masuk akal bila cerita-cerita itu dianggap serius dan *nyata*?"

Dalam pengalaman saya sebagai orang Kristen dan pendeta, saya terhibur bila melihat betapa teguhnya orang-orang Kristen meyakini Alkitab. Mereka percaya kepada Alkitab, mempertaruhkan nyawa mereka atas kebenarannya, dan berusaha menaatinya. Ketika Alkitab mengatakan sesuatu yang menantang kepercayaan atau perilaku mereka, mereka berusaha untuk tunduk kepadanya. Singkatnya, mereka mengizinkan Alkitab untuk menjadi dasar hidup dan iman mereka. Namun, pengalaman saya juga menunjukkan bahwa banyak orang Kristen tidak dapat menjelaskan *mengapa* mereka percaya kepada Alkitab. Mereka percaya begitu saja.

Mereka memberikan berbagai alasan. Terkadang mereka berkata bahwa Roh Kudus meyakinkan mereka. Di waktu yang lain mereka mengatakan bahwa bukti terbaik atas kebenaran Alkitab adalah dampaknya terhadap hidup mereka, atau itu menggemakan kebenaran. Beberapa orang akan menunjukkan data tentang bagaimana temuan-temuan arkeologis terbaru selaras dengan pernyataan-pernyataan di dalam Alkitab. Yang lain, ketika merasa tertekan, akan mengangkat tangan dan berkata, "Anda hanya perlu menerimanya dengan iman."

Sekarang, semua hal tersebut mewakili alasan-alasan yang sah mengapa orang Kristen harus percaya kepada Alkitab, tetapi apa pun yang lain yang kita katakan menyangkut jawaban-jawaban tersebut, tidak ada yang dapat meyakinkan seseorang yang *belum* percaya kepada Alkitab agar ia *mulai* memercayainya. Sebaliknya, ketika seorang Kristen menanggapi pertanyaan-pertanyaan yang menantang Alkitab dengan jawaban seperti, "Anda hanya perlu menerimanya dengan iman," maka sang penantang akan menganggap jawaban itu menegaskan semua keraguannya dan ia menang. Pikirnya, *itulah pendapat kami. Anda benar-benar tidak memiliki alasan yang cukup untuk percaya kepada Alkitab. Anda hanya percaya; karena iman.*

Jika Anda orang Kristen, mari saya rumuskan pertanyaan itu: Mengapa Anda percaya kepada Alkitab? Bagaimana Anda akan menjelaskan kepada seseorang yang tidak memercayai Alkitab *mengapa* Anda percaya kepadanya? Di akhir buku ini, saya berharap Anda akan dapat memberikan jawaban terhadap semua pertanyaan tersebut, bukan satu jawaban yang akan membuat Anda merasa puas sementara sang penantang yakin bahwa ia telah memenangkan perdebatan, tetapi satu jawaban yang setidaknya akan meyakinkannya bahwa ia perlu berpikir lebih lagi. Rasul Petrus menulis di dalam 1 Petrus 3:15 bahwa kita sebagai orang Kristen harus "siap sedia pada segala waktu untuk memberi pertanggungan jawab" demi pengharapan yang ada pada kita. Pada zaman ini, pertanggungan jawab itu harus kembali kepada pertanyaan yang pertama, karena jauh sebelum kita sampai kepada pertanyaan *siapakah Yesus itu*? atau *apa itu Injil*?, pertanyaan lain menyusahkan banyak orang, yaitu pertanyaan yang ingin mereka ajukan (jika mereka jujur) tetapi ragu kita bisa menjawabnya: Mengapa Anda percaya kepada Alkitab pada mulanya?

Kura-Kura Sampai ke Bawah

Sebelum kita melanjutkan lebih jauh, izinkan saya mengakui sesuatu di awal, yang mungkin tidak akan mengejutkan Anda. Saya seorang Kristen yang percaya sepenuh hati, jenis orang Kristen yang sering diperingatkan oleh orangtua Anda untuk diwaspadai. Saya meyakini Alkitab itu benar. Saya percaya Laut Merah pernah terbelah dua. Saya percaya tembok Yerikho runtuh pada zaman Yosua. Saya percaya Yesus berjalan di atas air, menyembuhkan orang-orang, dan mengusir setan-setan. Saya percaya Allah pernah membanjiri dunia dan menyelamatkan Nuh dan keluarganya. Saya percaya Yunus ditelan ikan raksasa. Saya percaya Yesus dilahirkan oleh seorang gadis perawan. Dan, di atas semua itu, saya percaya Yesus telah mati lalu hidup kembali—bukan dalam pengertian rohani atau kiasan, tetapi secara badani, historis, dan *nyata*. Saya percaya semua itu.

Bahkan, tidak ada gunanya menduga hal yang sebaliknya. Satu-satunya alasan saya percaya Alkitab itu benar adalah karena saya percaya Yesus bangkit dari kematian. Sekarang, entah Anda setuju dengan saya atau tidak menyangkut peristiwa Kebangkitan, Anda dapat melihat bahwa memercayai hal itu akan segera membuat saya percaya kepada Alkitab. Jika Yesus benar-benar bangkit dari kematian, maka satu-satunya kesimpulan yang mungkin, dan benar secara intelektual, adalah Ia sungguh sebagaimana yang Ia katakan. Jika Yesus benar-benar keluar dari makam seperti yang dikatakan Alkitab, maka Ia sungguh adalah Anak Allah, Raja dari segala raja dan Tuhan dari segala tuan, Jalan, Kebenaran, dan Hidup, dan Hikmat Allah, persis seperti yang Ia katakan. Dan, jika itu benar, maka masuk akal bila Ia tahu apa yang Ia bicarakan, dan karenanya, kita harus mendengar-Nya.

Satu hal yang tidak diragukan adalah bahwa Yesus percaya kepada Alkitab. Bila berkaitan dengan Perjanjian Lama, pendapat-Nya jelas. Berulang kali dalam pengajaran-Nya, Yesus mengakui dan membenarkan bahwa itu adalah firman Allah. Dan, menyangkut Perjanjian Baru, meski itu ditulis bertahun-tahun setelah Ia naik ke surga, itu juga sepenuhnya bersandar pada otoritas Yesus sendiri, dan orang-orang Kristen mula-mula mengakuinya. Bahkan, dua syarat utama yang mereka pakai untuk mengakui kitab-kitab yang berotoritas adalah (1) bila dokumen-dokumen tersebut diakui oleh salah seorang rasul Yesus, dan (2) bila dokumen-dokumen tersebut selaras dengan setiap ajaran Yesus. Kita akan membicarakan semua itu nanti, tetapi di sini maksudnya jelas: setelah Anda memutuskan bahwa Yesus benar-benar bangkit dari kematian, kebenaran dan otoritas Alkitab secara alami segera mengikuti.

Saya tahu, itu sebuah pembahasan yang singkat dan mengesankan, tetapi inilah pertanyaannya: Bagaimana tepatnya Anda memulai? Dengan kata lain, bagaimana Anda bisa sampai pada kepercayaan bahwa Yesus benar-benar bangkit dari kematian? Maksud saya, Anda tidak mungkin mengatakan bahwa Anda percaya kepada peristiwa Kebangkitan hanya karena Alkitab mengatakan demikian, dan Anda percaya apa yang dikatakan Alkitab karena Yesus bangkit dari kematian, dan Anda percaya Yesus bangkit karena Anda memercayai Alkitab, dan Anda percaya kepada Alkitab karena. . . . Anda mungkin paham maksud saya. Seluruh argumen itu secara konyol menjadi argumen yang sirkular [berputar-putar]. Itu mengingatkan saya akan seorang bocah yang ditanyai oleh gurunya mengapa dunia tidak jatuh di luar angkasa.

"Karena bumi ditaruh di atas punggung kura-kura", jawab bocah itu.

"Lantas, mengapa kura-kuranya tidak jatuh?" tanya gurunya lagi.

"Karena kura-kura itu berdiri di atas punggung kura-kura lain yang lebih besar", jawab bocah itu.

"Dan, mengapa kura-kura yang besar itu tidak jatuh?" tanya guru itu lagi.

"Jelas", jawab bocah itu setelah berpikir, "ada banyak kura-kura lain terus sampai ke bawah!"

Sebelum kita melanjutkan, kita harus mengakui bahwa sering kali argumen yang kita berikan kepada orang-orang adalah "semua kura-kura sampai ke bawah," tidak peduli apa pun otoritas puncaknya menurut pemahaman Anda. Jadi, masalah ini memengaruhi semua orang, bukan hanya orang-orang Kristen. Jika Anda bertanya kepada seorang rasionalis mengapa ia memercayai nalar, ia akan berkata, "Karena itu sesuai dengan nalar." Jika Anda bertanya kepada seorang ahli logika mengapa ia memercayai logika, ia akan menjawab, "Karena itu logis." Jika Anda bertanya kepada seorang tradisionalis mengapa ia memercayai tradisi, ia akan berkata, "Karena semua orang selalu mengikuti tradisi." Dalam semua perkara ini, kita menginginkan lebih; mengapa seorang memercayai nalar, logika, atau tradisi pada mulanya? Beberapa orang berkata bahwa nalar lebih dapat diandalkan daripada penjelasan-penjelasan rohani karena Anda dapat melihat dan menyentuh bukti yang mendukung apa yang diklaim. Namun, bahkan argumen tersebut bersandar pada praduga menyangkut bukti yang bagaimana yang dikatakan sah dan yang tidak—yaitu, bila itu sesuai nalar. Anda lihat? Anda tetap akan bertemu dengan kura-kura lagi, terus sampai ke bawah. Menurut saya, mungkin itulah cara Allah mengingatkan kita bahwa kita adalah makhluk yang terbatas—di dasar logika dari apa artinya menjadi manusia adalah sebuah pengingat bahwa kita tidak dapat mengetahui hal itu.

Meski demikian, bukan berarti kita harus menyerah dari segala usaha untuk mengetahui apa pun. Sekalipun benar dalam pengertian filosofis dan epistemologis bahwa pada akhirnya kita harus mengikuti pola pikir yang sirkular, bukan berarti kita tidak bisa sampai pada kesimpulan-kesimpulan yang meyakinkan menyangkut realitas. Memang, beberapa filsuf yang terlalu bersemangat terkadang mengangkat tangan dan berkata, "Jadi begitulah, kita tidak bisa mengetahui apa pun!" Namun, pola pikir seperti itu cenderung menjebloskan Anda ke dalam sel isolasi epistemologis (kita tidak dapat mengetahui apa pun atau siapa pun) yang tidak kita sukai atau pun perlu. Maka, kebanyakan dari kita sekadar memulai dengan beberapa presuposisi—misalnya, nalar itu sesuai nalar, logika itu logis, kepercayaan kita dapat dipercaya, dunia dan diri kita benar-benar ada dan bukan hanya "otak di dalam tempurung"—lalu dari presuposisi-presuposisi ini kita menarik kesimpulan tentang diri kita, tentang sejarah, tentang dunia di sekitar kita, dan tentang segala hal.

Namun, tunggu dulu. Kenyataan bahwa kita harus mempresuposisikan *beberapa hal* tidak berarti kita dapat mempresuposisikan *apa pun* yang kita inginkan. Sebagai contoh, Anda tidak dapat mempresuposisikan bahwa Anda adalah presiden Amerika Serikat. Anda juga tidak dapat mempresuposisikan bahwa Anda allah dan segala sesuatu yang Anda percaya benar-benar ada. Anda tidak dapat mempresuposisikan bahwa edisi terbaru dari majalah *National Enquirer* adalah firman Allah. Semua contoh itu akan memberi Anda gambaran kenyataan yang akurat. Hal-hal itu merupakan presuposisi yang tidak dapat dijamin, dan orang-orang akan mengejek Anda bila Anda memercayainya—mungkin juga akan memenjarakan Anda! Namun, inilah intinya: Ada banyak orang akan berkata bahwa itulah yang dilakukan orang-orang Kristen dengan Alkitab mereka. Tanpa alasan apa pun yang jelas, kita sekadar mempresuposisikan bahwa itu adalah firman Allah, dan semua yang dikatakannya benar, dan Yesus bangkit dari kematian.

Namun, bagaimana jika kebusukan yang dituduhkan ternyata tidak sebau itu? Bagaimana jika ada jalan tersedia agar kita sampai pada kesimpulan yang meyakinkan bahwa Yesus benar-benar bangkit dari kematian *tanpa sekadar mempresuposisikan bahwa Alkitab adalah firman Allah*? Jika kita bisa melakukan ini, maka kita akan dapat menghindari tuduhan argumen sirkular yang tidak dapat dibenarkan. Kita akan dapat berkata bahwa, *bahkan sebelum menyimpulkan bahwa Alkitab adalah firman Allah*, kita tiba pada kesimpulan yang meyakinkan bahwa Yesus sungguh bangkit dari kematian, dan berdasarkan kesimpulan tersebut, kita menuruti teladan-Nya yang menerima Alkitab sebagai firman Allah. Kepercayaan semacam ini akan sangat berbeda dari kepercayaan yang sekadar mengandalkan "lompatan iman." Tidak hanya itu dapat dipertahankan ketika kita menghadapi keberatan-keberatan dari para skeptis; itu juga dapat menantang para skeptis yang tidak percaya. Sebagaimana dikatakan oleh Rasul Petrus, kepercayaan itu akan menjadi "pengharapan" kita yang tak terbantahkan (1Ptr. 3:15).

Agama Kristen sebagai Sejarah

Tentu saja, pertanyaannya adalah apakah ada cara untuk melakukan itu. Menurut saya ada, yaitu dengan *membuktikan kesejarahannya*. Dengan kata lain, kita mendekati dokumen-dokumen yang menyusun Perjanjian Baru bukan *pertama-tama* sebagai firman Allah tetapi sebagai dokumen-dokumen sejarah, lalu atas dasar itu, kita melihat apakah kita bisa tiba pada sebuah kesimpulan yang meyakinkan bahwa Yesus bangkit dari kematian. Bahkan, seseorang yang bukan Kristen seharusnya tidak keberatan akan hal itu. Lagipula, melakukan pendekatan terhadap Perjanjian Baru sebagai kumpulan dokumen sejarah tidak melibatkan permohonan khusus, status khusus, atau klaim kebenaran yang khusus. Biarkan dokumen-dokumen itu sendiri berbicara apa adanya di dalam "pengadilan pendapat sejarah."

Selain itu, mendekati Perjanjian Baru sebagai materi sejarah seharusnya tidak memicu keberatan di antara orang-orang Kristen. Lagipula, pendekatan itu tidak akan memperlakukannya sebagai sesuatu *yang berbeda* dari yang sebenarnya. Dokumen-dokumen Perjanjian Baru sendiri mengklaim diri bersifat historis;

para penulisnya menghendakinya bersifat historis. Ambil contoh, Kitab Lukas. Ia memulai Injilnya dengan berkata bahwa ia bertujuan untuk memberikan pembacanya sebuah "pembukuan yang teratur" dari kehidupan dan ajaran-ajaran Yesus (Luk. 1:3). Betapa pun Anda berusaha mengabaikan itu, dan meyakini apa pun yang lain yang Anda kira menjadi tujuan Lukas, kenyataannya, ia sedang menulis catatan sejarah. Tentu saja, metode menulis sejarah di dunia kuno berbeda dari metode kita di zaman ini, tetapi ide pokoknya tetap sama—para penulis menulis catatan-catatan peristiwa yang benar-benar terjadi. Jadi, karena Lukas dan para penulis Alkitab yang lain melakukan pekerjaan itu, maka tidak ada yang salah dengan membiarkan kitab-kitabnya, dan kitab-kitab yang lain, berbicara sesuai dengan maksudnya ditulis.

Namun, lebih dari agama-agama lain di dunia, agama Kristen menampilkan dirinya sebagai *sejarah*. Agama Kristen bukan sekadar kumpulan ajaran-ajaran etika, pemikiran-pemikiran filosofis, "kebenaran-kebenaran" mistik, apalagi koleksi cerita-cerita mitos dan legenda. Intinya, agama Kristen adalah sebuah klaim bahwa sesuatu yang luar biasa pernah terjadi—sesuatu yang konkret, nyata, dan ada dalam sejarah.

Rentetan Hal yang Dapat Dipercaya

Meski demikian, pertanyaan lain muncul pada saat ini, dan kita akan menghabiskan sebagian besar buku ini untuk menjawabnya: Apakah dokumen-dokumen Perjanjian Baru—dan khususnya keempat Injil—dapat *diandalkan* sebagai saksi-saksi sejarah? Dengan kata lain, dapatkah kita memercayai kitab-kitab itu memberikan kita informasi yang benar dan dapat diandalkan mengenai kehidupan Yesus, khususnya yang berkaitan dengan kebangkitan-Nya, sehingga kita dapat berkata, "Ya, saya yakin itu benar-benar terjadi"? Menurut saya, *bisa*; tetapi untuk sampai pada kesimpulan itu dibutuhkan banyak usaha karena, seperti pada semua dokumen sejarah, kita bisa mengajukan banyak pertanyaan mengenai apakah itu bisa dipercaya.

Pikirkan seperti ini: Jika Anda membaca, katakanlah, Injil Matius, menyangkut peristiwa tertentu dari kehidupan Yesus, Anda bisa menghitung setidaknya ada tiga orang berbeda yang mengakui catatan yang Anda baca, dan itu memengaruhi pembacaan Anda. Pertama, dan yang paling jelas, catatan tersebut berasal dari penulis yang menulisnya. Kedua, setidaknya ada satu orang, mungkin lebih, yang menyalin tulisan yang asli dan menyebarluaskannya dan itu bertahan abad demi abad hingga sampai di tangan kita. Ketiga, seseorang (atau sebuah panitia) menerjemahkan salinan tersebut dari bahasa aslinya ke dalam bahasa kita sehingga kita sekarang dapat membacanya. Pada setiap tahap dari proses tersebut, pertanyaan-pertanyaan diajukan menyangkut apakah Anda bisa memercayai cerita yang Anda baca sebagai catatan atas peristiwa yang benar-benar terjadi. Maka, bila Anda bisa memutar waktu hingga sampai pada peristiwa itu sendiri, Anda akan menemukan sebuah rentetan yang terdiri dari lima pertanyaan:

1. Bisakah kita meyakini bahwa *terjemahan* Alkitab dari bahasa aslinya ke dalam bahasa kita secara akurat mencerminkan naskah aslinya, atau apakah itu mengatakan hal-hal yang tidak pernah dikatakan oleh naskah aslinya?

2. Bisakah kita meyakini bahwa para penyalin naskah Alkitab secara akurat *menyebarluaskan* tulisan yang asli kepada kita, ataukah mereka (sengaja atau tidak sengaja)

menambahkan, mengurangi, atau mengubah banyak hal di dalamnya sehingga yang kita miliki sekarang tidak lagi mirip dengan naskah aslinya?

3. Bisakah kita meyakini bahwa kita sedang membaca kumpulan kitab yang benar, dan kita tidak melewatkan atau kehilangan kitab-kitab lain yang memberikan perspektif yang sama-sama dapat dipercaya dan masuk akal mengenai Yesus? Dengan kata lain, bisakah kita meyakini bahwa adalah benar bila kita membaca *kitab-kitab yang sekarang ini*, dan bukan kitab-kitab yang lain?

4. Bisakah kita meyakini bahwa para penulis Alkitab itu sendiri *dapat dipercaya*? Dengan kata lain, apakah mereka benar-benar bermaksud memberikan kepada kita catatan yang akurat atas peristiwa-peristiwa yang benar-benar terjadi, atau apakah mereka memiliki tujuan lain, misalnya, menulis cerita fiksi atau menipu masyarakat?

5. Terakhir, jika kita bisa meyakini bahwa para penulis memang bermaksud memberikan kepada kita catatan yang akurat atas apa yang telah terjadi, bisakah kita meyakini bahwa apa yang mereka ceritakan benar-benar pernah terjadi? Dengan kata lain, bisakah kita meyakini bahwa apa yang mereka tulis sungguh *benar*? Atau, apakah ada alasan-alasan yang dibenarkan untuk berpikir bahwa mereka salah?

Apakah Anda lihat, jika kita dapat menjawab setiap pertanyaan tersebut—soal terjemahan, penyebarluasan, keabsahan kitab, kebenarannya, apakah dapat dipercaya—dengan tanda centang, maka kita akan memperoleh serentetan hal yang dapat dipercaya. Kita akan berkata dengan yakin bahwa:

1. Kita memiliki terjemahan yang baik atas naskah-naskah Alkitab yang asli;

2. Naskah-naskah tersebut merupakan salinan yang akurat dari apa yang ditulis pada awalnya;

3. Kitab-kitab yang Anda baca adalah kitab-kitab yang benar dan paling baik untuk dibaca;

4. Para penulis kitab-kitab tersebut bermaksud untuk memberi tahu kita apa yang telah terjadi secara akurat; dan

5. *Tidak ada alasan yang sah untuk mengira bahwa mereka salah* dalam apa yang mereka saksikan dan tuliskan.[1]

Bagaimana pun Anda melihatnya, penegasan-penegasan itu akan membentuk dasar yang kuat untuk berpikir bahwa kita benar-benar dapat menerima Alkitab sebagai dokumen sejarah yang dapat dipercaya. Jika kita dapat melakukan itu, maka selanjutnya kita bisa mempertimbangkan catatan Alkitab tentang kebangkitan Yesus dan berkata, "Ya, saya benar-benar memercayai apa yang terjadi. Seperti halnya saya memercayai banyak peristiwa dalam sejarah, saya percaya Yesus telah bangkit dari kematian."

Beberapa Pemikiran yang Penting

Sekarang, izinkan saya menyampaikan tiga hal lain sebelum kita membangun argumen sejarah kita. Pertama, ingat bahwa kita tidak sedang mencari apa yang disebut *kepastian matematis*. Kepastian yang logis dan tanpa celah mungkin dapat diperoleh dalam ilmu Matematika dan Sains, tetapi tidak bila Anda berurusan dengan

---

[1]Pemikiran ini adalah penjabaran dari sebuah pendekatan yang saya pelajari dari Mark Dever, pendeta di Capitol Hill Baptist Church di Washington, DC. Banyak penulis Kristen lain juga menggunakan pendekatan yang serupa.

sejarah. Pada peristiwa sejarah mana pun, seseorang di suatu tempat akan selalu dapat menciptakan cerita alternatif yang bisa saja dianggap benar. Seseorang mungkin berkata, "Mungkin Caesar tidak pernah menyeberangi sungai Rubikon. Salah satu jenderalnya *berpakaian* seperti Caesar dan menipu semua orang. Saya sadar memang tidak ada alasan yang kuat untuk berpikir seperti itu, tetapi itu mungkin saja, dan karenanya, Anda tidak bisa percaya bahwa Caesar pernah menyeberangi sungai Rubikon." Baiklah; tetapi yang benar saja! Jika keberatan seperti itu dapat menahan kita dari menarik kesimpulan yang meyakinkan mengenai sebuah peristiwa sejarah, maka kita tidak akan pernah memercayai *apa pun* mengenai peristiwa masa lalu!

Syukurlah, di sini kita tidak sedang mencari sebuah kepastian matematis, melainkan *keyakinan historis*. Kita tidak ingin berkata, "Merupakan sebuah kepastian matematis dan logis bahwa Caesar pernah menyeberangi sungai Rubikon," melainkan, "Beberapa orang melaporkan bahwa Caesar menyeberangi sungai Rubikon. Kami berpikir bahwa mereka bermaksud untuk melaporkan apa yang benar-benar terjadi (bukan untuk menipu atau menyebarkan mitos), dan tidak ada alasan yang kuat untuk berpikir bahwa laporan mereka salah. Karena itu, kita bisa memiliki keyakinan historis bahwa Caesar benar-benar menyeberangi sungai Rubikon." Itulah "kepastian" yang kita cari di dalam sejarah, dan bila kita menuntut lebih dari itu, kita menuntut sesuatu yang tidak bisa dipenuhi oleh penyelidikan sejarah.

Kedua, ingat bahwa *keyakinan historis* memberi dasar yang cukup untuk *bertindak*. Sesekali saya bertemu dengan orang-orang yang menegaskan bahwa mereka tidak akan bertindak atas apa pun tanpa pertama-tama mengalaminya. Jika mereka tidak melihatnya atau mengalaminya, kata mereka, maka mereka ragu untuk bertindak. Secara sepintas, pandangan itu sepertinya terhormat secara intelektual; itu cermat dan penuh perhitungan. Namun, bila diamati lebih lama, Anda menyadari bahwa sebenarnya tidak ada orang yang hidup seperti itu. Kenyataannya, kita semua menaruh keyakinan—dan bertindak atas—hal-hal yang dengannya kita tidak memiliki pengetahuan atau pengalaman langsung setiap saat.

Coba pikirkan! Saya tidak hadir pada waktu Undang-Undang Dasar Amerika Serikat disahkan, tetapi sebagai orang Amerika, saya hidup dengan keyakinan bahwa itu *terjadi*, dan saya bertindak menurut keyakinan itu. Saya tidak menolak memberi suara dalam pemilihan umum karena saya tidak *yakin secara matematis* bahwa saya benar-benar hidup di bawah Undang-Undang Dasar Amerika Serikat. Sebuah contoh lain dekat dengan kehidupan sehari-hari: Saya tidak memiliki pengetahuan langsung bahwa orangtua saya benar-benar adalah orangtua saya; saya tidak ingat waktu saya dilahirkan, kami tidak pernah melakukan tes DNA, dan sebuah kesalahan *bisa saja* terjadi di rumah sakit atau akta kelahiran saya dipalsukan! Semua itu mungkin sekalipun hampir mustahil. Namun, di sisi lain, semua bukti yang saya punya menunjuk kepada fakta bahwa orangtua saya benar-benar adalah orangtua saya, maka saya hidup dan setiap saat *bertindak* dengan keyakinan itu.

Itulah yang disediakan oleh keyakinan historis, dan itulah keyakinan yang saya harap dapat kita capai sembari kita memikirkan halaman demi halaman dari buku ini—sebuah bukti historis yang akan memungkinkan kita, bahkan memaksa kita, untuk berkata, "Ya, saya pikir kebangkitan Yesus pernah terjadi. Saya tidak memiliki penjelasan yang lebih baik atas kenyataan itu. Dan, sekarang saya akan bertindak sesuai dengan keyakinan itu."

Ketiga, tolong ingat bahwa buku ini tidak, dan tidak pernah, dimaksudkan untuk menjadi sebuah buku akademis. Buku ini tidak mempertimbangkan setiap variasi yang mungkin dari setiap argumen dan tidak memberi setiap contoh atau contoh kebalikan yang mungkin. Karena itu, saya berharap Anda tidak akan membandingkan buku ini dengan banyak buku lain yang ditulis mengenai topik-topik tersebut dalam tahun-tahun belakangan. Jika Anda meletakkan buku ini sejajar dengan buku-buku itu, maka Anda akan menemukan bahwa buku ini tidak selengkap (atau setebal) buku-buku itu. Buku ini hanya bermaksud untuk menyajikan sebuah pembahasan ringkas atas argumen-argumen dan pertimbangan-pertimbangan yang telah meyakinkan saya—dan banyak orang lain selama bertahun-tahun—akan kebenaran Alkitab.

Satu hal lagi. Untuk menjaga agar pembahasan di dalam buku ini tetap ringkas, Anda akan memperhatikan bahwa saya secara khusus berfokus pada Perjanjian Baru, khususnya keempat Injil. Itu berarti saya tidak akan memeriksa setiap perbedaan ayat, bagaimana itu disampaikan, persoalan kanon Alkitab yang biasanya muncul ketika membahas Perjanjian Lama, atau meneliti setiap kitab di dalam Perjanjian Baru. Anda mungkin bertanya, bukankah buku ini mengenai *seluruh* Alkitab? Itu benar. Namun, ingat bahwa usaha untuk menyelidiki bukti-bukti Perjanjian Baru, khususnya Injil, dengan kelima pertanyaan di atas akan menolong kita untuk memahami persoalan dan bukti-bukti sejarah yang terlibat dalam pembahasan pada buku-buku yang lain pula. Dan, lebih penting lagi, tujuan kita pada akhirnya adalah pembuktian sejarah bahwa Yesus bangkit dari kematian. Jika kita bisa tiba di sana, maka kita memiliki alasan yang kuat untuk memercayai bahwa Perjanjian Lama juga dapat dipercaya. Jadi, bagaimana kita akan tiba pada bukti sejarah bahwa Yesus benar-benar telah bangkit dari kematian? Yaitu dengan memastikan bahwa Injil merupakan saksi sejarah yang dapat diandalkan. Itulah tujuan kita.

Jadi, sekali lagi, meski buku-buku lain membahas hal-hal rinci dari persoalan menyangkut apakah Alkitab dapat dipercaya, buku ini mengulas persoalan yang telah meyakinkan saya dan banyak orang lain mengenai kebenaran Alkitab—sebuah persoalan yang bertumpu pada kebangkitan Yesus. Jika persoalan ini menolong dan meyakinkan Anda, saya senang. Jika tidak, saya mendorong Anda untuk melanjutkan dengan membaca buku-buku yang lebih tebal itu (baca bagian Lampiran).

Langkah Pertama

Jika Anda membaca buku ini dan Anda bukan orang Kristen, maka pertama-tama, saya berterima kasih. Saya berharap Anda akan menemukan beberapa hal di dalamnya yang menantang Anda untuk memikirkan tentang orang-orang Kristen, agama Kristen, Alkitab, dan Yesus yang mungkin berbeda dari apa yang Anda pikirkan selama ini. Saya berharap ketika Anda selesai membaca, Anda akan menyadari bahwa orang-orang Kristen tidak memercayai apa yang mereka percayai tanpa alasan. Anda mungkin tidak menerima pendapat saya di dalam buku ini, tetapi saya berharap Anda setidaknya dapat berkata bahwa mungkin ada lebih banyak hal tentang agama Kristen yang belum Anda pahami. Anda bahkan mungkin dapat berkata lebih dari itu. Mungkin Anda akan tiba pada kesimpulan bahwa Anda dapat memercayai Alkitab. Jika demikian, maka Anda akan mendapatkan pengalaman yang luar biasa karena Anda dapat berbalik dan memikirkan apa sesungguhnya isi Alkitab—Yesus Kristus dan apa yang diklaim-Nya tentang diri-Nya.

Di sisi lain, jika Anda orang Kristen, saya berharap buku ini akan menolong Anda untuk memahami dengan lebih baik *mengapa* Anda harus percaya kepada Alkitab, dan memampukan Anda untuk menceritakan dan membelanya dari keberatan-keberatan orang-orang yang tidak memercayainya. Terlepas dari apa yang sering dituduhkan oleh orang-orang dunia, agama Kristen tidak menuntut orang-orang untuk melakukan "lompatan iman" yang tidak rasional yang mendorong mereka memercayai hal-hal yang konyol tanpa bukti. Sebaliknya, "lompatan iman" kita terdiri dari tindakan bersandar kepada Yesus untuk menyelamatkan kita dari hukuman dosa karena Ia sangat dapat diandalkan.

Bagaimana kita dapat mengetahui hal itu?

Karena Alkitab mengatakan demikian.

Bukan begitu?

2

Bingung Karena Terjemahan

Beberapa tahun yang lalu, saya berkesempatan mengunjungi Shanghai, China. Sebelum berangkat, beberapa teman saya yang tinggal di sana memperingatkan saya agar tidak meyakini tulisan-tulisan bahasa Inggris di bawah tulisan-tulisan bahasa Mandarin pada plang atau rambu-rambu di kota itu akan persis dengan maksud dari tanda-tanda tersebut. Selama bertahun-tahun para penerjemah bahasa Mandarin dikenal suka salah menerjemahkan tanda-tanda itu ke dalam bahasa Inggris, dan hasilnya terkadang lucu.

Saya melihat-lihat beberapa contoh yang dimaksud di internet sebelum saya berangkat, dan memang, beberapa kesalahan terjemahan itu benar-benar lucu. Ambil contoh sebuah tanda yang tergantung di pintu sebuah restoran: *Bar saat ini terbuka karena tidak tutup*. Atau, menu yang menawarkan *Nenek Pedas Enak* sebagai makan siang. Atau, tanda di lapangan umum yang akan membuat jantung Anda secara mau copot: *Rumput yang disukai tetapi menyedihkan ada di bawah kaki Anda*. Jujur, tidak ada yang tahu apa yang dipikirkan oleh para pembuat kata-kata itu!

Tentu saja, setelah melihat semua itu, saya sendiri tidak sabar untuk menemukan sendiri kesalahan-kesalahan terjemahan yang lucu di sana. Sayangnya, saya tiba di Shanghai persis setelah Olimpiade musim panas berakhir, dan rupanya orang-orang Cina mengadakan proyek besar-besaran untuk memperbaiki kesalahan terjemahan di seluruh negeri sebelum acara akbar itu dimulai.

Jadi, saya tidak menemukan menu nenek pedas enak untuk makan siang, atau wajah muram dari rumput yang disukai tetapi menyedihkan itu.

Sekarang, coba pikirkan sejenak. Mengapa Cina memastikan untuk memperbaiki terjemahan-terjemahan bahasa asing di wilayahnya? Sederhana; karena dunia sedang memusatkan perhatiannya kepada negara itu berkaitan dengan penyelenggaraan Olimpiade. Mereka ingin berkomunikasi secara akurat. Mereka ingin menyampaikan maksud mereka, dan mereka ingin serius dalam apa yang mereka katakan. Itulah yang dipertaruhkan dalam proses penerjemahan, entah itu menerjemahkan tanda, menu, atau Alkitab. Bisakah kita yakin bahwa apa yang kita baca dalam bahasa kita secara akurat mencerminkan apa yang sesungguhnya dikatakan penulisnya?[1]

Apakah Menerjemahkan Itu Mungkin?

Tugas menentukan apakah Alkitab benar-benar sesuai dengan sejarah akan lebih mudah jika kita adalah penutur asli bahasa Ibrani kuno, Aram kuno, dan Yunani kuno. Namun, kebanyakan dari kita bukan. Itu berarti kita tidak hanya harus bertanya apakah para penulis Alkitab dapat dipercaya dan apakah para penyalinnya menggandakan tulisan-tulisan mereka secara akurat, tetapi juga apakah Alkitab yang kita miliki dalam bahasa kita merupakan terjemahan yang akurat dari salinan-salinan tersebut.

---

[1] Dalam menulis bab ini saya secara khusus bersandar pada buku Craig L. Blomberg, *Can We Still Believe the Bible?: An Evangelical Engagement with Contemporary Questions* (Grand Rapids, MI: Brazos, 2014); Paul D. Wegner, *The Journey from Texts to Translations: The Origin and Development of the Bible* (Grand Rapids, MI: Baker Academic, 1999).

Mungkin, pertanyaan pertama yang perlu kita ajukan adalah apakah proses menerjemahkan itu sendiri mungkin. Dapatkah kita mengambil sebuah bagian Alkitab seperti

Μὴ θησαυρίζετε ὑμῖν θησαυροὺς ἐπὶ τῆς γῆς, ὅπου σὴς καὶ βρῶσις ἀφανίζει, καὶ ὅπου κλέπται διορύσσουσιν καὶ κλέπτουσιν· θησαυρίζετε δὲ ὑμῖν θησαυροὺς ἐν οὐρανῷ, ὅπου οὔτε σὴς οὔτε βρῶσις ἀφανίζει, καὶ ὅπου κλέπται οὐ διορύσσουσιν οὐδὲ κλέπτουσιν· ὅπου γάρ ἐστιν ὁ θησαυρός σου, ἐκεῖ ἔσται καὶ ἡ καρδία σου.

dan percaya bahwa terjemahan ini,

Janganlah kamu mengumpulkan harta di bumi; di bumi ngengat dan karat merusakkannya dan pencuri membongkar serta mencurinya. Tetapi kumpulkanlah bagimu harta di sorga; di sorga ngengat dan karat tidak merusakkannya dan pencuri tidak membongkar serta mencurinya. Karena di mana hartamu berada, di situ juga hatimu berada (Mat. 6:19-21).

memiliki arti yang sama?

Jawabannya adalah ya. "Ya, tetapi harus dengan kerja keras." Setiap proyek terjemahan membutuhkan waktu bertahun-tahun, pertama untuk memahami arti dan struktur kedua bahasa, lalu untuk menemukan kata-kata dan struktur pada bahasa target yang secara akurat menangkap arti naskah yang asli. Dalam bahasa yang lebih sederhana, terjemahan adalah perkara memahami arti dari sebuah kata atau kalimat lalu mengatakan hal yang sama dalam *kata-kata yang berbeda* yang akan dimengerti oleh orang yang berbeda.

Itu memang terdengar sulit, tetapi jika Anda memikirkannya, kita selalu melakukan hal yang sama di dalam bahasa kita sendiri. Sebagai contoh, saya memiliki dua orang anak laki-laki yang beranjak remaja, dan saya juga memiliki seorang ayah yang ingin sekali dapat bercakap-cakap dengan cucu-cucunya. Namun, percaya atau tidak, terkadang itu jauh lebih sulit daripada yang Anda bayangkan! Bukan berarti ketiganya berbicara dalam bahasa yang berbeda; mereka semua penutur asli bahasa Inggris. Meski begitu, saya sering kali harus menerjemahkan kata-kata yang hendak mereka ucapkan.

Sebagai contoh, ketika anak laki-laki saya mengatakan sesuatu seperti, "*Yo, it's chill, bro* [Yo, gak papa, bro]", ayah saya akan melihat saya seolah-olah anak saya baru saja berbicara dalam bahasa Mesir kuno. Itu karena, selain kata it's, ayah saya sama sekali tidak memahami kata-kata yang lain dalam kalimat itu. Pada saat seperti itu, tugas saya adalah *menerjemahkan*—memikirkan arti dari kata-kata yang diucapkan anak-anak saya lalu menyampaikannya dengan kata-kata lain yang akan dimengerti oleh ayah saya.

Biasanya saya menerjemahkan seluruh kalimat sekaligus. "Maksudnya, Ayah, semuanya baik-baik saja. Ia senang." Namun, jika mau benar-benar teliti, saya harus menjelaskan setiap kata seperti ini:

- Kata yo adalah kata sapaan yang tidak formal dalam percakapan sehari-hari anak-anak. Dalam bahasa ayah saya, itu mirip seperti *hai* atau *hei*.

- Kata *chill* dalam bahasa anak-anak tidak selalu berarti "dingin". Kata itu menyatakan sebuah situasi atau seseorang yang tenang, bahagia, dan tidak terganggu. Itu sebenarnya diturunkan dari bahasa generasi ayah saya, yaitu *cool*, seperti dalam kalimat "It's cool [Tidak apa-apa]; I'm cool [Aku tidak apa-apa]; Everything is cool [Semuanya tidak apa-apa]."

• Kata *bro* adalah istilah persahabatan; bentuk ringkas dari kata *brother* (saudara). Namun, bukan berarti seseorang harus memiliki hubungan darah agar bisa disapa *bro*. Pada generasi ayah saya, itu paling baik diterjemahkan sebagai sobat, atau lebih umum lagi, *bung*.

Jadi, bila semua penjelasan itu dirangkum, kita bisa menerjemahkan kata-kata anak-anak zaman sekarang, "Yo, gak papa, bro" menjadi bahasa generasi ayah kita, "Hei, semuanya baik-baik saja, bung." Ketika mendengar itu, mata ayah saya langsung bersinar. Ia melempar senyum kepada anak laki-laki saya dan mengacungkan jempol. Mereka mengalami momen komunikasi yang nyata dan akurat—meski harus saya terjemahkan. Suatu kali ayah saya berkata, "That's gnarly! [Dasar degil!]" dan saya harus kembali menerjemahkannya.

Saya sadar bahwa itu sebuah gambaran yang sederhana menyangkut kerja keras yang dituntut dalam menerjemahkan, dan orang-orang yang melakukan pekerjaan itu—entah itu terhadap Alkitab atau karya sastra atau bahkan penerjemahan rutin yang diperlukan untuk menggerakkan masyarakat global kita setiap hari—adalah pahlawan. Maksud saya adalah, sekalipun dengan contoh yang konyol di atas, tugas menerjemahkan itu tidak mudah atau sederhana, tetapi itu *mungkin* untuk dilakukan. Komunikasi yang nyata, akurat, dan benar dapat terjadi melalui penerjemahan.

Itu berarti tidak seorang pun dapat memberikan keberatan pamungkas terhadap klaim bahwa Alkitab sesuai dengan sejarah hanya karena kita membaca terjemahan-terjemahan dari dokumen-

dokumen berbahasa Ibrani dan Yunani. Para sarjana Alkitab telah mempelajari bahasa Aram, Ibrani, dan Yunani selama berabad-abad, dan mereka dapat menerjemahkan secara akurat dan tepat dari ketiga bahasa itu.

Mengapa Ada Begitu Banyak Versi Alkitab?

Jika memang itu benar, lantas mengapa ada begitu banyak terjemahan Alkitab yang berbeda-beda? Masuklah ke sebuah toko buku Kristen, maka Anda akan menemukan satu rak—bahkan mungkin satu area—yang berisi beragam versi terjemahan Alkitab. Dalam bahasa Inggris kita mengenal King James Version (KJV), New King James Version (NKJV), Revised Standard Version (RSV), belum lagi Holman Christian Standard Bible (HCSB), English Standard Version (ESV), New Living Translation (NLT), dan New International Version (NIV). Selain itu, banyak dari versi-versi Alkitab tersebut memiliki beragam edisi, misalnya, edisi militer, edisi olahraga, edisi kaum pria, kaum wanita, remaja, pelajar, dan pebisnis. Mengapa?

Apakah karena orang-orang yang mengerjakan terjemahan ESV mengira bahwa orang-orang yang mengerjakan terjemahan NIV banyak melakukan kesalahan? Atau, apakah lembaga yang mengerjakan KJV menerjemahkan Alkitab begitu jelek sehingga para penerjemah RSV harus memperbaikinya? Selain itu, apakah Kitab Yohanes berubah ketika itu diterjemahkan bagi kaum pria, wanita, atlet, atau tentara?

Singkatnya, jawaban terhadap semua pertanyaan itu adalah "tidak". Bila berkaitan dengan edisi-edisi Alkitab yang ditujukan bagi kaum pria, kaum wanita, tentara, atau pelajar, semua itu hanyalah kemasan pemasaran yang isinya tetap Alkitab yang sama. Edisi-edisi itu hanya berbeda dalam konten tambahan yang melengkapinya—isi pendahuluan, catatan kaki, artikel singkat untuk devosi, dan materi-materi yang lain. Sama sekali tidak ada alasan bagi kita untuk berpikir bahwa kehadiran Alkitab studi untuk kaum pria dan Alkitab studi untuk kaum wanita di toko buku Kristen itu akan menimbulkan kebingungan terhadap arti dari ayat-ayat di dalamnya.

Namun, bagaimana dengan ragam terjemahan itu sendiri? Tidakkah versi-versi Alkitab itu menerjemahkan Alkitab secara berbeda satu sama lain sehingga kita tidak bisa memastikan yang mana yang benar? Itu pertanyaan yang bagus, tetapi kenyataannya, sekalipun versi yang berbeda menggunakan kata-kata yang berbeda ketika menerjemahkan sebuah frasa bahasa Ibrani atau Yunani yang sama, itu tidak selalu—atau bahkan sering kali tidak—menimbulkan keraguan menyangkut apa yang dikatakan oleh naskah aslinya.

Ingat lagi contoh kalimat dalam percakapan anak-anak itu, "Yo, gak papa, bro". Saya bisa saja menerjemahkan kalimat itu kepada ayah saya dalam beberapa cara:

- "Hei, semuanya baik-baik saja, bung."
- "Dengar, semuanya baik-baik saja, teman."
- "Apakah kau tahu? Situasinya sangat tenang, sayang."

Ada kata-kata yang berbeda dalam ketiga terjemahan itu. Meski begitu, apakah ada yang meragukan apa yang sedang disampaikan lewat kalimat "Yo, gak papa, bro" itu? Yang mana pun terjemahan yang kita pakai, arti dari kalimat itu adalah bahwa anak laki-laki saya ingin agar seseorang yang dengannya ia menjalin pertemanan menyadari bahwa ia tidak menganggap situasi saat itu bermasalah;

ia puas dengan situasi itu.

Anda dapat melakukan hal yang sama dengan ayat-ayat Alkitab. Mari kita ambil satu contoh dan melihat bagaimana versi-versi Alkitab yang berbeda menerjemahkannya. Saya meminta istri saya menyebut satu nama kitab Injil, dan ia menjawab, "Markus".

"Sekarang, pilih angka di antara satu sampai lima belas."

"Sepuluh!"

"Lalu satu angka lagi di antara satu sampai lima puluh dua."

"Lima puluh!"

Maka, marilah kita melihat Markus 10:50 dan melihat bagaimana berbagai versi Alkitab bahasa Inggris menerjemahkan ayat itu. Berikut ini adalah bahasa Yunaninya:

ὁ δὲ ἀποβαλὼν τὸ ἱμάτιον αὐτοῦ ἀναπηδήσας ἦλθεν πρὸς τὸν Ἰησοῦν.

Alkitab English Standard Version menerjemahkannya sebagai berikut:

And throwing off his cloak, he sprang up and came to Jesus. [Dan setelah membuang jubahnya, ia langsung berdiri dan datang kepada Yesus.]

Ini adalah terjemahan New American Standard Bible:

And throwing off his cloak, he jumped up and came to Jesus. [Dan setelah membuang jubahnya, ia melompat dan datang kepada Yesus.]

New International Version:

Throwing his cloak aside, he jumped to his feet and came to Jesus.

[Setelah membuang jubahnya ke samping, ia melompat di atas kakinya dan datang kepada Yesus.]

New Revised Standard Version:

So throwing off his cloak, he sprang up and came to Jesus.

[Maka, setelah membuang jubahnya, ia langsung berdiri dan datang kepada Yesus.]

King James Version:

And he, casting away his garment, rose, and came to Jesus.

[Dan ia, setelah menanggalkan pakaiannya, bangkit, dan datang kepada Yesus.]

Luar biasa, bukan? Bagaimana mungkin kita akan tahu apa yang sesungguhnya dikatakan oleh Markus 10:50? Maksud saya, semua orang pasti setuju bahwa orang itu datang kepada Yesus, tetapi apakah ia *membuang* jubahnya atau *menanggalkannya*? Apakah itu memang *jubah* atau cuma pakaian? Dan, bagaimana kita bisa memastikan apakah ia *langsung berdiri*, *melompat*, atau *bangkit* sebelum ia mendatangi Yesus?

Baiklah, jelas saya sedang bercanda di sini. Sekalipun ada perbedaan di antara kelima terjemahan tersebut, tetapi Anda memahami apa yang sedang terjadi. Orang itu dengan segera melepaskan pakaian luarnya, bangkit berdiri, dan berjalan kepada Yesus. Maksud saya di sini adalah untuk mengatakan bahwa terjemahan-terjemahan yang berbeda tidak mencegah kita dari mengetahui apa sebenarnya arti dari naskah yang asli. Bahkan, membaca dua atau tiga terjemahan sekaligus seringkali justru menolong kita melengkapi gambaran akan apa yang sedang terjadi.

Namun, kita tetap perlu membahas lebih lanjut karena tidak setiap ayat di dalam Alkitab sejelas Markus 10:50. Kata-kata dan frasa-frasa tertentu kadang sulit untuk diterjemahkan, dan pada beberapa kasus, terjemahan yang berbeda sering kali saling tidak sepakat. Namun, bahkan pada kasus-kasus itu, kita harus tetap mengingat beberapa hal:

1. Para sarjana Alkitab umumnya berbeda terjemahan pada bagian yang kecil dari kata-kata atau frasa-frasa di dalam Alkitab. Hal yang sama juga terjadi pada bagian yang sangat kecil dari kitab (atau pasal) mana pun di dalam Alkitab.

2. Bila ada perselisihan atau keraguan, terjemahan Alkitab yang terbaik akan mengakui hal itu pada catatan kakinya, dan membuat pembacanya menyadari terjemahan lain yang mungkin, atau bahkan mencermati (sebagaimana dikatakan oleh Alkitab ESV) bahwa "arti dari bahasa Ibrani [atau Yunani] tidak selalu pasti"[2]. Intinya, tidak seorang pun berusaha "meloloskan apa pun" tanpa memberi tahu kita. Pula, mereka tidak dapat melakukannya sekalipun mereka ingin melakukannya.

3. Banyaknya terjemahan yang ada justru menolong kita untuk mengenali—dan menghindari—terjemahan Alkitab yang sengaja dibuat salah. Sebagai contoh, ketika

---

[2]Misalnya, catatan kaki dalam ESV pada Yesaya 10:27

versi New World Translations (NWT) produk Saksi-Saksi Jehovah menerjemahkan Yohanes 1:1 menjadi "dan Firman itu adalah seorang allah," itu menolong kita untuk menyadari bahwa semua versi Alkitab yang utama menerjemahkan ayat itu menjadi "dan Firman itu adalah Allah." Jelaslah bahwa NWT telah membuat sesuatu yang ditolak oleh terjemahan-terjemahan yang lain. Jika Anda belajar bahasa Yunani cukup lama sehingga dapat memahami penggunaan artikel (sebuah dan _ itu), maka Anda akan tiba pada kesimpulan yang sama yang diberikan oleh para penerjemah pada umumnya. Alkitab NWT merekayasa "terjemahan" ayat itu untuk melindungi doktrin teologi mereka.

4. Setelah kita mengenali dan menolak terjemahan-terjemahan salah yang disengaja semacam itu, kita bisa dengan yakin berkata bahwa tidak satu pun doktrin utama agama Kristen yang sejati bersandar pada terjemahan Alkitab bahasa asli yang masih diperdebatkan atau meragukan. Kita tahu apa yang dikatakan Alkitab, dan kita tahu apa artinya.[4]

Namun, ada satu pertanyaan lain yang muncul. Mengapa ada terjemahan-terjemahan Alkitab yang berbeda pada mulanya? Jika bagian-bagian Alkitab yang diperdebatkan begitu jarang dan jika bagian-bagian itu tidak memengaruhi doktrin-doktrin agama Kristen yang utama, lantas mengapa banyak orang rela menjalani

---

[1]Dalam menulis bab ini saya secara khusus bersandar pada buku Craig L. Blomberg, *Can We Still Believe the Bible?: An Evangelical Engagement with Contemporary Questions* (Grand Rapids, MI: Brazos, 2014); Paul D. Wegner, *The Journey from Texts to Translations: The Origin and Development of the Bible* (Grand Rapids, MI: Baker Academic, 1999).

banyak kesusahan dan berkorban untuk mengadakan versi-versi Alkitab yang berbeda? Itu sebuah pertanyaan yang bagus, dan jawabannya berkaitan dengan cara orang-orang menggunakan Alkitab dalam hidup mereka.

Coba pikirkan. Orang-orang membaca Alkitab dalam saat teduhnya, berkhotbah darinya, memakainya dalam pendalaman Alkitab, melakukan penelitian ilmiah atasnya, melakukan diskusi mengenai doktrin-doktrinnya, dan membela iman mereka dengannya. Kenyataannya, bagi banyak dari aktivitas tersebut, terjemahan kata-demi-kata dari bahasa asli Ibrani atau Yunani tidak akan berguna. Bahkan, itu akan membuat frustrasi. Sekali lagi kita mengambil contoh dari Markus 10:50. Jika kita menerjemahkannya kata-demi-kata dari bahasa Yunani, hasilnya akan seperti ini:

Tetapi ia membuang dia jubah ia melompat ia datang kepada Yesus.

Anda memang masih bisa menyusun teka-teki itu, dan terjemahan kata-demi-kata demikian berguna jika Anda melakukan penelitian ilmiah yang cermat atas ayat tersebut. Namun, siapa yang bisa tahan melakukannya bila Anda hanya ingin membaca Alkitab sambil ditemani segelas kopi di pagi hari?

Itulah alasan utama kita memiliki banyak terjemahan yang berbeda, yaitu sesuai dengan ragam penggunaan Alkitab yang berbeda. Terkadang terjemahan yang lebih harfiah, yang lebih sesuai dengan bahasa asli kata-demi-kata adalah yang Anda perlukan. Namun, pada waktu-waktu yang lain, Anda menginginkan sesuatu yang lebih mudah dibaca, lebih mudah dipahami, sehingga beberapa terjemahan menawarkan pendekatan frasa-demi-frasa (atau gagasan-demi-gagasan), merapikan tata bahasanya, mengadopsi aturan kalimat bahasa sendiri daripada aturan kalimat dalam bahasa Ibrani atau Yunani, dan biasanya hanya menerjemahkan gagasan dalam bahasa asli ke dalam bentuk yang lebih dapat dimengerti oleh pembaca setempat. Dalam bahasa yang sedikit teknis, setiap terjemahan Alkitab harus berorientasi pada *akurasi* dan *kemudahan dibaca*. Beberapa lembaga penerjemah Alkitab mungkin menganggap misi mereka adalah untuk menunjukkan akurasi yang tajam (seperti yang kita lihat pada Markus 10:50) dengan mengorbankan kemudahan dibaca dalam kadar tertentu. Sedangkan, lembaga penerjemah yang lain memutuskan untuk menghasilkan versi Alkitab yang mudah dibaca, tetapi keputusan itu mengharuskannya untuk menyusun ulang kata-kata dalam bahasa aslinya supaya kalimat-kalimatnya terdengar "pas" di telinga kita.

Saya berharap Anda dapat melihat maksud saya dalam semua penjelasan di atas. Tidak ada dalam teori atau praktik penerjemahan Alkitab yang menimbulkan keraguan mengenai apakah kita bisa benar-benar tahu apa yang dikatakan Alkitab dalam bahasa aslinya. Kenyataannya, kita tahu apa yang dikatakannya, dan juga bagian-bagian yang kurang diperdebatkan dan yang kurang penting untuk diperdebatkan. Alkitab bisa dan *telah* diterjemahkan secara tepat berulang kali.

Tentu saja, untuk menentukan apakah sesuatu *sesuai dengan sejarah*, kita hanya bisa membahasnya sejauh itu. Selanjutnya kita harus mengajukan pertanyaan, apakah para penerjemah menerjemahkan apa yang ditulis oleh para penulis Alkitab pada mulanya? Dengan kata lain, apakah orang-orang yang menyalin naskah asli, menyalinnya secara tepat?

3

Salinan dari Salinan
dari Salinan dari Salinan?

Ketika saya duduk di bangku SMU dan waktu kuliah, saya sempat mengikuti kursus bahasa asing. Bahasa favorit saya adalah bahasa Spanyol. Meski ini tidak mengesankan bagi Anda para ahli di sana, pada akhirnya saya menghabiskan *empat tahun akademis penuh* mempelajari bahasa tersebut. Kurang lebih lima belas tahun sejak saya menyelesaikan kursus itu, saya tidak lagi pintar berbahasa Spanyol, baik membaca, berbicara, mendengar, atau apa pun. Namun, pada hari-hari ketika saya belajar keras untuk menguasainya, saya sangat terampil menerjemahkan *dari* dan *ke* bahasa Spanyol. Itu sebagian dikarenakan dosen bahasa Spanyol saya memberi kami tugas menerjemahkan *setiap malam*. Apakah Anda ingat bahwa kebanyakan kelas pada waktu kuliah diadakan selang-seling satu hari—entah Senin-Rabu-Jumat atau Selasa-Kamis? Kelas bahasa Spanyol tidak begitu. Itu diadakan setiap hari, Senin sampai Jumat, yang berarti setiap malam saya mendapatkan sebuah perikop dalam bahasa Inggris atau Spanyol yang harus saya terjemahkan ke dalam bahasa sebaliknya, dan akan dibahas pada hari berikutnya.

Saya menjadi terampil melakukannya. Pada tahun-tahun atas saya kuliah, saya bisa menerjemahkan naskah berbahasa Spanyol berisi ratusan kata dalam waktu hanya beberapa jam dan siap setiap saat untuk menjelaskan tata bahasa dari setiap kalimatnya.

Namun, sekali dua kali, saya mendapatkan sebuah pelajaran keras: tidak peduli betapa bagusnya saya menerjemahkan, itu tidak berarti apa pun jika saya membaca halaman yang salah dan menerjemahkan bagian yang salah!

Terkadang, orang-orang memberikan tuduhan yang serupa terhadap Alkitab—bahwa sekalipun kita mengatakan dengan yakin bahwa kita menerjemahkan dengan *akurat*, tidak mungkin kita bisa yakin bahwa kita menerjemahkan *naskah yang benar*, sehingga semuanya menjadi sia-sia. Bukan berarti kita memiliki naskah-naskah yang salah. Tuduhannya adalah karena kita tidak memiliki naskah-naskah asli yang ditulis langsung oleh para penulis Alkitab, maka salinan-salinan yang ada sekarang pastilah cacat, dan karenanya kita tidak bisa tahu dengan pasti apa yang sebenarnya mereka tulis. Jika itu benar, maka sia-sia kita melanjutkan diskusi soal terjemahan Alkitab.

Sebuah majalah Amerika menuliskan tuduhan ini dengan tajam:

> Tidak ada pengkhotbah televisi yang pernah membaca Alkitab. Begitu pula politikus injili. Begitu pula paus. Begitu pula saya. Begitu pula Anda. Paling-paling yang kita baca adalah sebuah terjemahan yang buruk—terjemahan dari terjemahan dari terjemahan dari salinan dari salinan dari salinan dari salinan; begitu terus sampai ratusan kali.[1]

Kita telah menghadapi tuduhan "terjemahan yang buruk" di dalam buku ini. Kita tahu itu tidak benar, dan jika itu masih belum jelas bagi Anda, silakan baca kembali Bab 2. Selain itu, juga

---

[1] Kurt Eichenwald, "The Bible: So Misunderstood It's a Sin", Newsweek, 23 Desember 2014, http://www.newsweek.com/2015/01/02/thats-not-what-bile-says-294018.html.

tidak benar bahwa kita sedang berurusan dengan "terjemahan dari terjemahan dari terjemahan" seolah-olah naskah Alkitab berbahasa Yunani pertama-tama sampai ke Cina lalu Jerman lalu Polandia, dan akhirnya tiba di negara kita. Tidak; kita dapat menerjemahkannya langsung dari naskah berbahasa Ibrani dan Yunani ke dalam bahasa kita atau bahasa apa saja, sehingga kemungkinan terburuknya adalah kita berurusan dengan *sebuah* terjemahan, titik. Namun, apa yang harus kita katakan mengenai pemikiran yang terakhir, yaitu tuduhan bahwa yang tersedia pada kita adalah "salinan dari salinan dari salinan dari salinan dari salinan"?

Komong osong; maksud saya, omong kosong. Itulah yang akan saya katakan.

Kita Tidak Memiliki Naskah yang Asli— Jadi, Bagaimana Sekarang?

Marilah kita membahas pertanyaan soal penyebarluasan, yaitu bisakah kita yakin bahwa naskah Alkitab yang asli disebarluaskan secara akurat selama berabad-abad hingga sampai ke kita? Ketika kita mulai memikirkan pertanyaan ini, segera masalah sebesar gajah berdiri di depan kita: kita tidak memiliki naskah Alkitab yang asli.[2]

Materi apa pun yang dipakai Lukas, Yohanes, dan Paulus untuk menulis Injil Lukas, Injil Yohanes, dan Surat Roma telah hilang dalam sejarah, dan mustahil kita dapat menemukan naskah Alkitab yang atasnya kita bisa berkata, "Kami yakin 100 persen

---

[2]Untuk bab ini, saya secara khusus bersandar pada buku Craig L. Blomberg, *Can We Still Believe the Bible? An Evangelical Engagement with Contemporary Questions* (Grand Rapids, MI: Brazoz, 2014); Paul D. Wegner, *The Journey from Texts to Translations: The Origin and Development of the Bible* (Grand Rapids, MI: Baker Academic, 1999).

bahwa inilah kertas asli yang ditulis oleh penulis Alkitab."³ Namun, sebelum kita mengangkat tangan dan menyerah, marilah kita sejenak memikirkan kembali persoalan itu. Seberapa penting sebenarnya kita memiliki *naskah yang asli?* Maksud saya, itu pasti akan baik sekali. Ketika saya mengunjungi London beberapa tahun yang lalu, saya mengunjungi pameran *Treasures of the British Library*, yang menampilkan sejumlah artefak budaya dan sejarah yang paling berharga di dunia, relik-relik paling diagungkan yang dapat ditemukan para kurator dalam arsip Perpustakaan Inggris. Itu sebuah koleksi yang mengagumkan. Di situ ditampilkan Magna Carta; Alkitab Gutenberg tahun 1455; partitur lagu *Messiah* yang ditulis tangan oleh Handel; *Codex Sinaiticus*, yaitu salinan lengkap Perjanjian Baru yang pertama kali ditemukan; buku catatan Leonardo da Vinci; dan tulisan lirik asli dari lagu "Help!" karangan Beatles di mana John Lennon menuliskannya di atas sebuah kertas usang.

Saudara-saudari, dengan sukacita saya mengumumkan bahwa kita *tahu* tanpa ragu lirik asli dari lagu "Help!" sebagaimana yang ditulis oleh grup musik Beatles. Kita dapat membacanya di atas tisu. Saya mengakui, itu sangat keren. Saya tidak yakin itu mencapai level keren menurut *Treasures of the British Library*, tetapi itu tetap keren.

Namun, inilah maksud saya: Apakah memiliki naskah yang asli adalah satu-satunya cara kita bisa yakin bahwa apa yang kita miliki sesuai dengan apa yang ditulis oleh penulis awalnya? Maksud saya, apakah kita selamanya sial bila berkata bahwa kita sebenarnya tidak tahu apa yang ditulis oleh Homer atau Plato

---

³Jelas, para penulis kuno tidak menulis di atas kertas, melainkan di atas papirus atau perkamen (kulit binatang). Namun, demi menyingkat waktu, kata *kertas* cukup mewakili di dalam buku ini.

karena kita tidak memiliki kertas-kertas yang di atasnya mereka menulis *The Odyssey* atau *The Republic*? Apakah "Help!" adalah satu-satunya lagu Beatles yang liriknya benar-benar kita tahu? Tentu tidak. Mengatakan demikian akan membuat kita terlihat sombong. Jadi, bagaimana dengan dokumen-dokumen Alkitab? Apakah kita hanya bisa menyerah dan mengakui bahwa kita hanya memiliki sekumpulan salinan dari salinan dari salinan dari salinan yang tak berguna, dan kita tidak akan pernah bisa yakin bahwa salinan-salinan yang ada sekarang ini secara akurat mencerminkan apa yang sebenarnya ditulis oleh penulis Alkitab?

Tidak; kita tidak ditinggalkan dengan kesimpulan yang membuat putus asa itu. Bahkan, sekalipun kita tidak memiliki naskah Alkitab yang asli, kita bisa sangat yakin bahwa kita tahu apa yang dikatakan oleh naskah yang asli. Bagaimana mungkin?

Kunci untuk menjawab pertanyaan itu ada pada kenyataan bahwa sekalipun kita tidak memiliki naskah yang asli, kita memiliki ribuan potongan naskah Alkitab (di atas papirus dan perkamen) yang mengandung bagian-bagian Alkitab dari bahasa aslinya—sekitar 5.400 potongan berbeda dari Perjanjian Baru. Kita bahkan tidak memasukkan di sini potongan-potongan kertas dari percetakan modern. Kita sedang berbicara tentang naskah-naskah kuno dari zaman sebelum mesin cetak ditemukan, yaitu dari abad ketiga, kedua, bahkan (mungkin) abad pertama. Beberapa naskah mengandung seluruh salinan kitab tertentu; yang lain telah hancur sebagian sehingga yang tersisa hanya bagian-bagian tertentu. Dan, yang lain lagi hanya berupa potongan-potongan. Sekali lagi, tidak satu pun dari dokumen-dokumen tersebut merupakan naskah yang asli; semuanya merupakan salinan dari sesuatu yang lebih awal. Namun, kita menemukan dokumen-dokumen itu tersebar di seluruh bekas wilayah kekaisaran Romawi, tersembunyi di dalam gua, terkubur di bawah reruntuhan peradaban kuno, atau bahkan—percaya atau tidak—terselip di dalam tumpukan sampah kuno dari sebuah kota Mesir yang telah ditelantarkan! Setelah para ahli mengidentifikasi tahun penulisan potongan-potongan naskah itu, diketahui bahwa itu berasal dari abad ketiga atau keempat.[4]

Apa yang membuat semua naskah dan potongan-potongan itu menarik—atau menimbulkan masalah, tergantung bagaimana Anda melihatnya—adalah bahwa pada bagian-bagian tertentu, dokumen-dokumen itu berbeda satu sama lain, meski sepertinya itu adalah salinan dari bagian naskah asli Alkitab yang sama. Sebagai contoh, satu naskah Injil Matius mengutip Pontius Pilatus berkata, "Aku tidak bersalah atas darah orang ini" (Mat. 2:24), sedangkan sebuah potongan dari bagian yang sama dari tempat lain atau dari satu abad berikutnya mengutip Paulus berkata, "Aku tidak bersalah atas darah yang benar ini," dan naskah yang lain berkata, "Aku tidak bersalah atas darah orang benar ini."[5] Jelas, setidaknya pernah suatu kali seseorang menyalin perkataan asli yang ditulis Matius dengan tidak akurat.

Beberapa orang memperhatikan kenyataan tersebut—5.400 naskah atau potongan-potongan naskah dengan beberapa variasi—lalu berkata, "Tidak mungkin. Tidak mungkin kita bisa tahu apa yang dikatakan oleh naskah aslinya. Salinan-salinan yang ada saat ini sudah terlalu jauh dan terlalu banyak diubah sehingga kita tidak bisa yakin bahwa kita tahu apa yang awalnya ditulis oleh penulis Alkitab." Namun, kesimpulan demikian terlalu berlebihan. Inilah sebabnya: masalah-masalah yang sering kali

---

[4]Untuk mendapatkan informasi yang rinci mengenai cakupan naskah-naskah Perjanjian Lama, baca, misalnya, Wegner, *Journey*, 235-42.

[5]Baca catatan ayat dalam Alkitab ESV pada Matius 27:24.

dikatakan oleh para skeptis itu—bahwa naskah-naskah yang kita miliki saat ini terlalu jauh dari waktu penulisan naskah yang asli dan terlalu banyak variasinya¬—tidaklah seburuk yang dikatakan. Justru keberadaan ribuan salinan tersebut, yang ditemukan di seluruh bekas wilayah kekaisaran Romawi, bersama dengan segala variasinya, memungkinkan kita merekonstruksi apa yang dikatakan oleh penulis asli Alkitab dengan *keyakinan yang tinggi*.

Mari saya jelaskan apa maksud saya selangkah dengan selangkah.

Perhatikan Celahnya!

Pertama-tama, tuduhan yang sering kali dilontarkan bahwa dokumen-dokumen yang kita miliki saat ini sangat jauh jaraknya dari masa ketika naskah yang asli dituliskan sehingga kita seharusnya menyerah dalam membayangkan apa yang dikatakan oleh penulis Alkitab. Lagi pula, naskah Perjanjian Baru yang asli seluruhnya telah selesai ditulis pada pertengahan sampai akhir abad pertama; sedangkan salinan-salinannya yang paling awal berasal dari kira-kira tahun 125, 150, dan 200. Artinya, ada celah sejauh empat puluh lima sampai tujuh puluh lima tahun antara salinan-salinan paling awal yang kita miliki dengan naskah yang asli. Itu mungkin sepertinya menimbulkan masalah karena waktu tujuh puluh lima tahun itu sangat lama—bahkan, itu cukup untuk membuat salinan dari salinan dari salinan sampai akhirnya yang asli punah sehingga kita tidak tahu bagaimana naskah yang asli.

Namun, itu bukan asumsi yang dapat diterima, khususnya bila Anda menyadari bahwa kitab-kitab itu jauh lebih berharga bagi orang-orang di zaman itu daripada kita pada hari ini, dan karenanya, mereka lebih mati-matian menjaganya daripada kita.

Dan, sekarang pun, ketika kita dapat mencetak jutaan buku setiap tahun, Anda bisa berjalan ke salah satu toko buku bekas dan menemukan buku-buku yang berumur seratus, dua ratus, atau bahkan tiga ratus tahun. Orang-orang membuat buku-buku yang dapat bertahan lama! Lebih dari itu yang terjadi pada zaman kuno, di mana pekerjaan menyalin sebuah buku dapat memakan waktu *berminggu-minggu*. Para sarjana Alkitab mempelajari dari perpustakaan-perpustakaan kuno bahwa orang-orang biasanya memakai sebuah buku selama seratus hingga seratus lima puluh tahun sebelum mereka menyalinnya dan akhirnya meninggalkan yang lama.

Kita melihat satu contoh yang menarik dari praktik tersebut pada apa yang disebut sebagai *Codex Vaticanus*, yaitu sebuah salinan Perjanjian Baru yang awalnya dibuat pada abad keempat tetapi para penyalin menyalinnya pada abad kesepuluh supaya itu dapat terus dibaca. Apakah Anda melihat apa artinya itu? *Codex Vaticanus* masih dipakai selama *enam ratus tahun* setelah itu dibuat pertama kali! Inilah maksud saya: bila banyak kitab dipakai rutin selama ratusan tahun, celah waktu empat puluh lima atau tujuh puluh lima tahun antara naskah Perjanjian Baru yang asli dengan salinan-salinan *ekstan* (ekstan berarti yang *eksis* atau yang *bertahan hingga kini*) yang paling awal tidaklah termasuk lama. Bahkan, bisa saja naskah yang asli, yang ditulis tangan oleh penulis Alkitab yang asli, telah dipelihara dan dipakai untuk membuat ribuan salinan baru selama berpuluh-puluh tahun atau berabad-abad sebelum itu benar-benar musnah. Karena itu, klaim bahwa yang kita punya hanyalah "salinan dari salinan dari salinan dari salinan" dari naskah yang asli terlalu meresahkan. Bahkan, ada kemungkinan bahwa dokumen yang tersimpan di sebuah museum pada hari ini adalah *salinan dari naskah yang asli*.

Pula, bila Anda mempertimbangkan celah waktu di antara naskah yang asli dan salinan ekstan yang paling awal dari karya-karya sastra kuno yang lain, Anda akan segera menyadari betapa kecil "celah" Perjanjian Baru itu. Ambil contoh, mengenai kitab *History of the Peloponnesian War* karya Thucydides, kita memiliki hanya delapan naskah ekstan, dan yang paling awal berjarak seribu tiga ratus tahun dari naskah yang asli! Mengenai kitab *Gallic Wars* karya Julius Caesar, kita memiliki sembilan atau sepuluh salinan yang masih dapat dibaca (tergantung bagaimana kategori "dapat dibaca" Anda), dan yang paling awal ditulis sembilan ratus tahun setelah yang asli. Mengenai kitab *Histories* dan *Annals* karya Tacitus, yang ditulis pada abad pertama, hanya ada dua salinan yang masih bertahan, yang satu berasal dari abad kesembilan, dan yang lain dari abad kesebelas—masing-masing berjarak delapan ratus dan seribu tahun dari yang asli. Anda bisa dengan mudah memahami maksud saya di sini: Tidak ada yang berteriak, "Perhatikan celahnya!" bila berkaitan dengan karya-karya sastra kuno yang lain. Hanya Perjanjian Baru yang menerima perlakuan seperti itu.

Berbeda Empat Ratus Ribu?

Tuduhan yang kedua bahwa naskah-naskah yang ada pada kita sekarang begitu penuh dengan perbedaan atau variasi sehingga sia-sia bila kita mengira kita bisa mengetahui apa yang dikatakan oleh naskah yang asli. Seorang ahli mengaku bahwa naskah-naskah Perjanjian Baru yang ada pada kita mengandung sampai empat ratus ribu varian! (Alasan saya mengatakan "sampai" karena tidak seorang pun yang benar-benar duduk dan menghitungnya. Maka, ahli tersebut hanya bisa mengatakan, "beberapa mengatakan dua ratus ribu varian, yang lain tiga ratus ribu, dan yang lain empat ratus ribu atau lebih!")[6]. Yang mana pun, kita harus memperhatikan beberapa hal terkait tuduhan ini.

1. Kenyataannya, naskah-naskah itu *tidak* penuh dengan variasi, dan angka empat ratus ribu (seandainya pun itu benar) tidaklah sengeri kedengarannya. Itu karena ahli yang mengajukan angka itu tidak hanya melihat lima ribu naskah asli berbahasa Yunani yang ada saat ini *tetapi* juga sepuluh ribu naskah lain dalam bahasa-bahasa yang lain, dan terutama, sepuluh ribu kali kejadian orang-orang mengutip Perjanjian Baru selama enam ratus tahun sejarah Gereja! Bila Anda menggabungkan semua itu, dan Anda berbicara tentang empat ratus ribu varian (bisa saja sebenarnya cuma tiga ratus ribu atau dua ratus ribu . . .) yang menyebar dalam dua puluh lima ribu naskah dan kutipan selama enam ratus tahun, berarti paling-paling ada enam belas varian per satu naskah. Itu tidak banyak.

2. Ingat bahwa "empat ratus ribu varian" di sini tidak berarti ada empat ratus ribu bacaan yang unik. Artinya adalah bahwa jika *satu* naskah berkata, "Aku tidak bersalah atas darah orang ini", dan *sepuluh* yang lain berkata, "Aku tidak bersalah atas darah yang benar ini," maka Anda harus menghitung *kesebelasnya* sebagai "varian." Bila kita meluruskan perhitungan demikian, maka angka empat ratus ribu yang tadinya menakutkan sebenarnya keliru.

3. Terakhir, varian-varian pada dua puluh lima ribu naskah itu tidak muncul secara acak pada semua bagian Alkitab;

---

[6]Bart D. Ehrman, *Misquoting Jesus: The Story Behind Who Changed the Bible and Why* (San Francisco: HarperSanFrancisco, 2005),

sebaliknya, varian-varian itu cenderung berkelompok di bagian-bagian ayat tertentu berulang kali. Artinya, jumlah bagian Perjanjian Baru sesungguhnya yang dipertanyakan ternyata sedikit sekali.[7]

Maksud saya adalah bila Anda benar-benar memikirkannya, Anda tidak akan membayangkan segunung salinan dengan begitu banyak varian sehingga Anda bingung mau menerima yang mana. Sebaliknya, Anda mendapatkan gambaran tentang sejarah penyerbarluasan (penyalinan) yang benar-benar stabil untuk sebagian besar Perjanjian Baru dan hanya beberapa bagian yang diragukan sehingga memunculkan varian. Singkatnya, para ahli kitab di zaman lampau telah melakukan pekerjaan yang luar biasa mantap.

Seperti Memecahkan Teka-Teki

Namun, kita perlu membahas satu hal lagi yang amat penting di sini: di beberapa bagian Perjanjian Baru dimana kita diperhadapkan dengan varian, percaya atau tidak, justru keberadaan varian-varian itulah yang memungkinkan kita menyatukan pikiran atas apa yang sebenarnya dikatakan oleh naskah yang asli. Mari saya jelaskan maksud saya.

Menggunakan varian-varian untuk membayangkan apa yang dikatakan oleh naskah yang asli ibarat memecahkan pazel logika. Usaha itu bersandar pada pemikiran bahwa bila sebuah variasi muncul pada sebuah naskah salinan, kita tidak hanya menyadari bahwa seorang ahli kitab *mengadakan* sebuah variasi di dalam salinan yang dikerjakannya, tetapi juga *mengapa* ia melakukannya.

---

[7]Untuk melihat pembahasan lebih rinci mengenai hal-hal ini, baca Blomberg, *Can We Still Believe the Bible?*, 13-28.

Para ahli kitab memperkenalkan varian karena beberapa alasan. Terkadang, itu tidak disengaja; misalnya, huruf-huruf yang tampak mirip bisa saja terjukar dengan huruf yang lain; satu kata digantikan dengan kaca yang lain yang terdengar sama ketika dibaca; kata-kata tertentu terloncati; sebuah kata atau huruf ditulis dua kali kali; bahkan seluruh bagian bisa saja terloncati ketika ahli kitab membaca kata yang sama sebagai pemisah antarparagraf. (Silakan membaca ulang kalimat-kalimat di atas dan pecahkan masalahnya!)

Pada waktu yang lain, perubahan tertentu diadakan dengan sengaja. Seorang ahli kitab memutuskan bahwa satu kata atau nama salah ejaan lalu "memperbaikinya"; mungkin ia mengubah sesuatu di dalam perikop tertentu supaya itu selaras dengan perikop yang lain; atau ia "memperbaiki" satu atau dua kata untuk membereskan "masalah" yang ia temukan; atau ia mungkin menambahkan sesuatu ke dalam ayat untuk "memperjelas" apa yang harus dipahami oleh pembaca.

Sekarang, di situlah kesenangannya dimulai, karena setelah Anda tahu *mengapa* seorang ahli kitab melakukan perubahan ketika ia membuat salinan, Anda bisa memperkirakan naskah aslinya sebelum ia mengubahnya. Berikut adalah sebuah contoh sederhana: Bayangkan yang Anda miliki adalah sepotong salinan dari naskah (yang telah punah) yang berbunyi, "Mawar itu marah, violet itu biru." Tidaklah sulit untuk melihat apa yang terjadi ketika naskah aslinya disalin, bukan? Jika kita meragukan bahwa penulis yang asli menulis klausa "Mawar itu marah" yang tak berarti, maka kita bisa dengan yakin berkata bahwa ahli kitab yang membuat salinan tersebut telah salah mengeja kata merah dan naskah aslinya sebenarnya berkata, "Mawar itu merah, violet itu biru."

Berikut ini sebuah contoh yang sedikit lebih rumit. Katakanlah Anda memiliki dua potongan naskah, keduanya merupakan salinan dari sebuah naskah asli yang telah lama punah. Salah satu dari salinan-salinan tersebut (dinamakan potongan A) berbunyi:

Sekarang kami terlibat dalam sebuah perang saudara yang dahsyat. Kami datang untuk mempersembahkan sebidang lahan sebagai tempat penguburan bagi orang-orang yang telah menyerahkan nyawanya agar agar bangsa ini bisa hidup.

Sedangkan, salinan yang lain (potongan B) berbunyi:

Sekarang kami terlibat dalam sebuah perang saudara yang dahsyat, yang menguji apakah bangsa ini, atau bangsa manapun yang telah lahir dan sangat berdedikasi, bisa bertahan lama. Kami dipertemukan dalam medan pertempuran yang agung dari perang itu. Kami datang untuk mempersembahkan sebidang lahan sebagai tempat penguburan bagi orang-orang yang telah menyerahkan nyawanya agar bangsa yang kami bicarakan itu bisa hidup.

Silakan ambil waktu satu atau dua menit untuk mencari variasi yang ada. Ada dua variasi di dalam paragraf tersebut. Bacalah.

Apakah Anda dapat menemukannya? Yang paling jelas adalah bahwa potongan A kelihatan lebih singkat. Potongan tersebut tidak mengandung bagian "yang menguji apakah bangsa ini, atau bangsa mana pun yang telah lahir dan sangat berdedikasi, bisa bertahan lama. Kami dipertemukan dalam medan pertempuran yang agung dari perang itu." Pula, dua potongan naskah tersebut tidak sama persis pada anak kalimat terakhir. Apakah naskah yang asli berbicara tentang orang-orang yang menyerahkan nyawa mereka "agar bangsa ini bisa hidup" ataukah "agar bangsa yang kami bicarakan itu bisa hidup"?

Marilah kita memulai dengan variasi yang pertama, yang menghilangkan klausa perjumpaan dalam "medan pertempuran yang agung" dari perang itu. Apakah ada alasan yang kuat bagi kita untuk mengira bahwa seorang penyalin akan menambahkan *semua* kata itu kepada naskah asli yang tidak mengandung bagian itu? Tidak; setidaknya saya tidak mengingat ada yang seperti itu. Jikalau tidak, apakah ada sesuatu yang dapat menjelaskan mengapa penyalin potongan A menghilangkannya? Ya. Apakah Anda melihat bahwa kata *perang* muncul dua kali di dalam potongan B? Kenyataannya, dua kemunculan dari kata itu seperti menjadi awal dan akhir dari bagian yang dihilangkan pada potongan A. Jika kata *perang* juga muncul dua kali pada naskah yang asli (khususnya jika keduanya muncul di awal dan di akhir dari bagian tersebut), maka kemungkinan secara alami mata sang penyalin secara tidak sengaja "melewatkan" satu kata *perang* dan langsung melanjutkan dari kata *perang* yang lain. Itu akan menjelaskan mengapa ia menghilangkan semua kata di antara dua kata *perang* itu. Dengan logika tersebut, kita bisa yakin bahwa tulisan yang lebih panjang, yaitu potongan B, lebih mungkin mencerminkan naskah aslinya.

Bagaimana dengan variasi yang kedua? Apakah ada alasan yang kuat untuk menjelaskan mengapa sang penyalin mengubah naskah asli yang berkata "agar bangsa yang kami bicarakan itu bisa hidup" menjadi "agar bangsa ini bisa hidup"? Mungkin tidak. Lagi pula, frasa "agar bangsa itu [that that nation]" agak aneh. Karena itu, mungkin sang penyalin akan "memperbaiki" penulisan "that that" menjadi sesuatu yang lebih lancar didengar telinga. Demi alasan itu, kita sebaiknya menyimpulkan bahwa semakin sebuah kalimat dapat dibaca, seperti potongan A, semakin itu mencerminkan naskah yang asli.

Setelah mempertimbangkan semua hal di atas, kita bisa tiba pada kesimpulan yang meyakinkan bahwa potongan B mungkin mencerminkan naskah yang asli pada variasi yang pertama (karena mata penyalin melewatkan bagian yang diapit oleh dua kata "perang") dan potongan A mencerminkan naskah yang asli pada variasi kedua (karena penyalin tidak akan "memperbaiki" naskah asli untuk mengatakan "that that"). Karena itu, kita dapat menyusun ulang naskah yang asli sebagai berikut:

Sekarang kami terlibat dalam sebuah perang saudara yang dahsyat, **yang menguji apakah bangsa ini, atau bangsa manapun yang telah lahir dan sangat berdedikasi, bisa bertahan lama. Kami dipertemukan dalam medan pertempuran yang agung dari perang itu.** Kami datang untuk mempersembahkan sebidang lahan sebagai tempat penguburan bagi orang-orang yang telah menyerahkan nyawanya agar bangsa ini bisa hidup.

Apakah Anda lihat? Hanya dengan melakukan penalaran terhadap pertanyaan *mengapa* para penyalin melakukan perubahan tertentu, kita bisa tiba pada kesimpulan yang meyakinkan mengenai apa yang sebenarnya dikatakan oleh naskah yang asli, *sekalipun versi akhir yang kita miliki tidak sepenuhnya tercermin pada, atau dari potongan-potongan naskah yang ada pada kita.* Keren, bukan?

Itulah pekerjaan yang dilakukan oleh para sarjana Alkitab selama berabad-abad terhadap potongan-potongan dan naskah-naskah Perjanjian Baru yang ditemukan. Tentu saja, banyak dari teka-teki yang mereka hadapi jauh lebih rumit daripada contoh-contoh di atas, tetapi Anda mengerti maksud saya. Dengan membandingkan salinan-salinan kuno yang ada dan memikirkan dengan saksama mengapa para penyalin melakukan perubahan atau kesalahan tertentu, para sarjana Alkitab bisa mencapai kesimpulan yang meyakinkan mengenai apa yang sebenarnya dikatakan oleh naskah-naskah yang asli. Itu bukan kegiatan "tebak buah manggis" atau melibatkan ilmu gaib, apalagi berasumsi atau sekadar mengada-ada, melainkan sebuah penalaran deduktif yang cermat.

Sebuah contoh nyata dari Perjanjian Baru dapat menolong kita memahami hal tersebut. Naskah-naskah kuno yang ada berbeda pendapat menyangkut apakah Matius 5:22 aslinya berkata:

Tetapi Aku berkata kepadamu: Setiap orang yang marah terhadap saudaranya harus dihukum . . .

atau

Tetapi Aku berkata kepadamu: Setiap orang yang marah terhadap saudaranya tanpa sebab harus dihukum . . .

Variasinya jelas; begitu pula solusinya. Ahli kitab mana yang akan *menghilangkan* frasa "tanpa sebab" bila frasa itu justru membuat ajaran Yesus jauh lebih dapat dimengerti? Tidak banyak. Besar kemungkinan yang terjadi adalah seorang ahli kitab tercekat secara intelektual terhadap ajaran bahwa seseorang yang marah terhadap saudaranya harus dihukum, sehingga ia memutuskan untuk "menolong Yesus" dengan memperjelas ajaran-Nya dengan menambahkan frasa "tanpa sebab." Karena bacaan itu lebih sulit, maka terjemahan yang pertama paling mungkin mencerminkan naskah yang asli. Demi alasan itu, hampir semua versi Alkitab yang utama menghilangkan frasa "tanpa sebab," atau memasukkannya dalam catatan kaki pada bagian bawah halaman.

Kita Tahu Apa yang Mereka Tulis

Sebelum kita menutup pembahasan ini, saya harus menjabarkan satu atau dua pokok pikiran lain. Pertama, patut dicermati bahwa sebagian besar varian pada naskah-naskah salinan yang ada benar-benar tidak menarik dan tidak dramatis. Varian-varian itu sekadar berkaitan dengan kata ganti jamak atau tunggal, susunan kata yang terbalik, *mood* subjungtif atau indikatif, bentuk waktu masa lampau (*aorist*) atau telah-selesai (*perfect*), dan semacam itu. Membosankan! Sebagian besar varian tersebut tidak berkaitan dengan sesuatu yang memengaruhi cara kita memahami seluruh isi Alkitab.

Kedua, para sarjana Kristen mendokumentasikan dengan teliti—dan menuliskannya pada buku-buku yang bisa Anda beli seandainya Anda berkenan mengeluarkan uang—varian-varian yang terpenting, disertai analisis seperti yang kita lakukan di atas. Tentu saja Anda boleh tidak setuju dengan kesimpulan mereka. Percaya atau tidak, orang-orang Kristen suka memperdebatkan hal-hal itu di sepanjang zaman. Namun, intinya sekali lagi adalah bahwa tidak ada konspirasi untuk menutupi kenyataan. Orang-orang Kristen bersikap terbuka karena kita percaya bahwa keberadaan varian-varian itu—dan alasan-alasan mengapa itu ada—dapat menolong kita untuk menentukan, dengan tingkat kemungkinan yang tinggi, apa yang sebenarnya dikatakan oleh naskah Perjanjian Baru yang asli.

Terakhir, berkaitan dengan penerjemahan, terbukti bahwa tidak satu pun doktrin agama Kristen yang sejati bergantung pada sebuah bagian ayat Alkitab yang diragukan. Entah bagian yang diragukan itu tidak menarik sama sekali, atau seandainya itu menarik, doktrin-doktrin yang dijabarkan pada bagian tersebut juga diajarkan di bagian Alkitab lain yang *tidak diragukan.*

Apakah Anda melihat maksud saya? Tuduhan bahwa kita tidak dapat mengenali apa yang sebenarnya dikatakan oleh naskah Alkitab yang asli sungguh amat salah. Jarak waktu antara penulisan naskah yang asli dan penulisan naskah salinan paling awal yang masih ada saat ini tidaklah selama itu. Dan, jauh dari *memadamkan* kemampuan kita untuk mengenali apa yang dikatakan oleh naskah yang asli, banyaknya jumlah naskah salinan justru memungkinkan kita menyimpulkan secara deduktif, dengan tingkat keyakinan yang tinggi, apa yang sebenarnya ditulis oleh Yohanes, Lukas, Paulus, dan para penulis Perjanjian Baru yang lain.

Kita Sudah Sampai Sejauh Mana?

Sejauh inilah kita telah sampai dalam penyelidikan menyangkut pertanyaan apakah naskah-naskah Perjanjian Baru sesuai dengan sejarah. Pertama, kita bisa yakin bahwa terjemahan naskah-naskah tersebut sudah akurat dan benar. Kedua, kita juga bisa yakin bahwa kita tahu apa yang sebenarnya ditulis oleh para penulis asli naskah-naskah tersebut.

Soal penerjemahan? Beres.

Soal penyebarluasan? Beres.

Namun, kita belum selesai. Sekalipun kita bisa yakin bahwa terjemahan-terjemahan yang ada sekarang sudah akurat, dan sekalipun kita bisa tahu dengan pasti apa yang sebenarnya ditulis oleh para penulis naskah Alkitab yang asli, apakah kita yakin bahwa kita sedang membaca kumpulan naskah yang benar?

Dengan kata lain, mengapa kita begitu yakin bahwa kita harus membaca naskah-naskah yang ada saat ini, dan bukan yang lain?

4

Apakah Memang Kitab-Kitab Ini yang Anda Cari?

Saya pernah membaca novel *The Da Vinci Code*. Saya menikmatinya. Sebagai penggemar novel-novel aksi, novel itu cukup menegangkan. Saya rela tidur lebih malam agar dapat terus mengikuti petualangan tokoh-tokoh utamanya sembari mereka menelusuri petunjuk demi petunjuk, memecahkan teka-teki kuno, dan bepergian ke Eropa. Mengenai buku tersebut, Google memberi tahu bahwa *The Da Vinci Code* telah terjual delapan juta salinan sejak itu diterbitkan. Menurut saya, kesuksesan itu sebagian berasal dari keterampilan Dan Brown bercerita, tetapi itu tidak menjelaskan semuanya. Kita juga tidak dapat menyanjung kualitas sastra yang baik dari buku itu; bukan itu yang membuatnya laris manis. Apa yang membuat novel *The Da Vinci Code* sukses besar adalah sesuatu yang *didambakan* setiap penulis dari bukunya—itu memicu percakapan di seluruh dunia.

Kebanyakan cerita sensasional yang dijalin Brown ke dalam novelnya tidak pernah dianggap serius oleh orang-orang. *The Da Vinci Code* benar ketika ia berkata di halaman depannya, "Semua tokoh dan peristiwa di dalam buku ini adalah fiktif, dan segala kesamaan dengan tokoh yang nyata, hidup atau mati, hanyalah kebetulan belaka." Namun, seiring popularitasnya, buku itu berhasil menyusupkan beberapa klaimnya ke dalam pemahaman kolektif kita, termasuk orang-orang Kristen. Salah satu dari klaimnya adalah bahwa Alkitab, sebagaimana yang kita kenal, hanyalah sebuah kumpulan kitab buatan manusia, bahkan pengadaannya mungkin berkaitan dengan konspirasi, permainan kekuasaan, dan rencana jahat. Beginilah yang ditunjukkan dalam salah satu adegannya:

"Siapa yang memutuskan Injil yang mana yang harus dimasukkan?" tanya Sophie.

"Aha!" Teabing menjawab dengan antusias. "Ironi mendasar dari agama Kristen! Alkitab, yang kita tahu saat ini, disusun oleh kaisar Romawi yang kafir, Konstantin yang Agung."[1]

Itu sebuah cara penyampaian yang kasar. Namun, cerita yang disampaikan Brown di situ telah lama dianut oleh para sarjana yang skeptis terhadap Alkitab. Gambaran yang mereka bayangkan adalah bahwa selama tiga abad pertama dari keberadaan gereja, ribuan naskah kitab berlomba-lomba mendapatkan perhatian dan wewenang di seluruh kekaisaran Romawi. Setiap komunitas orang percaya, menurut mereka, memiliki naskah kitab mereka sendiri yang mereka anggap mencerminkan ajaran Yesus yang sejati, dan agama Kristen ibarat sebuah panci yang bergolak, mendidih, dan berbuih-buih, yang memuat beragam pemikiran yang saling bertentangan! Lalu, di suatu hari gelap pada pertengahan abad keempat, sebuah komplotan yang berkuasa, terdiri dari para uskup bermuka muram, berkumpul di sebuah kota tepi pantai bernama Nicea (klise, bukan?). Dengan dukungan sponsor mereka yang kaya, kaisar Konstantin yang kafir, mereka menghentikan semua kebingungan itu. Dengan menerbitkan satu daftar naskah yang

---

[1] Dan Brown, *The Da Vinci Code: A Novel* (New York: Doubleday, 2003), 231.

paling mereka *sukai*, para uskup ini melarang penggunaan naskah-naskah yang lain dan memulai usaha besar-besaran untuk secara sistematis menghapus segala perbedaan pendapat dan menghancurkan semua naskah lain yang berani memberikan sudut pandang tentang Yesus yang berbeda dari pemahaman mereka. Begitulah, "kanon" Perjanjian Baru ditutup—seperti pintu penjara—dan dunia terjerumus ke dalam kegelapan.

Saya mungkin telah menambahkan beberapa rincian hanya supaya cerita itu menjadi lebih dramatis. Namun, begitulah kira-kira rentetan adegan yang dibayangkan orang-orang bila Anda mengajukan pertanyaan tentang kanon Alkitab. Banyak dari orang-orang yang saya kenal mengalami kesulitan dalam memberikan jawaban yang pasti terhadap pertanyaan, "Apakah Anda yakin Anda sedang membaca kitab-kitab yang benar?"

Itu juga sebuah pertanyaan yang penting karena jika tujuan kita adalah tiba pada kesimpulan yang meyakinkan bahwa Alkitab sesuai dengan sejarah, secara alami kita harus yakin bahwa kita sedang membaca naskah-naskah yang benar. Jika memang seseorang telah melarang, menghancurkan, memusnahkan, membakar kitab-kitab lain yang menyampaikan cerita yang berbeda *tetapi sama-sama dapat dipercaya* tentang Yesus, maka keyakinan kita bahwa Alkitab memberi kita sebuah cerita yang sesuai dengan sejarah akan meredup dengan sendirinya.

Jadi, inilah pertanyaan yang harus kita ajukan di dalam bab ini: Apakah Alkitab saat ini adalah kumpulan dokumen yang benar untuk dibaca? Dengan kata lain, adakah (atau, apakah *dulu* ada) kitab-kitab "Injil" lain yang seharusnya juga kita baca—atau seharusnya itulah yang kita baca? Bagaimana kita bisa yakin bahwa kitab-kitab yang kita baca sekarang adalah naskah-naskah yang benar untuk dibaca, dan yang lain tidak?[2]

Apakah Kanon Itu?

Ketika kita berbicara tentang *kanon* Alkitab, maksudnya adalah sebuah daftar berisi kitab-kitab yang diterima oleh orang-orang Kristen sebagai sumber-sumber informasi yang berotoritas tentang Yesus. Kata *kanon* berasal dari bahasa Yunani yang berarti *penggaris* atau *standar*. Anda dapat melihat mengapa orang-orang Kristen memakai kata itu untuk merujuk kepada kumpulan kitab mereka yang berotoritas. Alkitab adalah kumpulan dokumen yang secara bersama-sama dan eksklusif mewakili *standar* yang olehnya kehidupan dan doktrin orang-orang Kristen harus diukur, dibentuk, dikaji, dan jika perlu, dikoreksi. Tentu saja, pertanyaannya adalah seberapa tepat kanon itu. Apakah proses kanonisasi memberi kita keyakinan bahwa kitab-kitab tersebut dapat memberi kita informasi yang akurat mengenai apa yang benar-benar terjadi?

Karena tujuan awal kita adalah untuk tiba pada keyakinan historis tentang kebangkitan Yesus, kita tidak perlu menghabiskan banyak waktu untuk menjelaskan dan membela kanon Perjanjian Lama.[3] Kita akan kembali kepada pertanyaan itu di dalam Bab 7. Untuk sekarang, cukuplah bila kita mengatakan bahwa pada zaman Yesus, kanon Perjanjian Lama telah disepakati secara umum, dan Yesus beserta murid-murid-Nya menerima kanon itu tanpa pertanyaan.

---

[2]Dalam menulis bab ini saya khususnya bersandar pada Craig L. Blomberg, *Can We Still Believe the Bible? An Evangelical Engagement with Contemporary Questions* (Grand Rapids, MI: Brazos, 2014); F. F. Bruce, *The Canon of Scripture* (Downers Grove, IL: IVP Academic, 1988); C. E. Hill, *Who Chose the Gospels? Probing the Great Gospel Conspiracy* (Oxford: Oxford University Press, 2010); Paul D. Wegner, *The Journey from Texts to Translations: The Origin and Developmen of the Bible* (Grand Rapids, MI: Baker Academic, 1999).

[3]Untuk melihat pembahasan yang rinci mengenai kanon Perjanjian Lama, dan khususnya menyangkut kitab-kitab Apokrifa, baca Wegner, *Journey*, 101-30; F. F. Bruce, "Old Testament, Bagian 2 dalam *The Canon of Scripture*.

Persoalan sebenarnya adalah bagaimana kanon Perjanjian Baru tercipta. Ada banyak hal yang dipertaruhkan di sini karena peristiwa-peristiwa di dalam Perjanjian Baru sangat bergantung pada seberapa besar keyakinan historis kita pada dokumen-dokumen tersebut. Inilah sebabnya: Jika kanon Perjanjian Baru dihasilkan dari sebuah konspirasi jahat oleh komplotan penguasa yang menekan kitab-kitab lain yang juga mengklaim diri akurat, maka sangat sulit bagi kita untuk menyimpulkan bahwa Perjanjian Baru yang ada sekarang sesuai dengan sejarah. Pula, jika mereka mengakui kitab-kitab tersebut tanpa alasan yang kuat, maka juga sama sulitnya bagi kita untuk berkata bahwa kitab-kitab tersebut memberi kita gambaran yang akurat dan dapat dipercaya mengenai Yesus. Terakhir, juga dapat dikatakan bahwa proses tersebut pada dasarnya bersifat gaib. Artinya, jika tidak ada *alasan-alasan yang dapat dimengerti dalam sejarah* terhadap keputusan untuk lebih menghormati kitab-kitab yang ada sekarang daripada kitab-kitab yang lain, selain, katakanlah, "perasaan" pribadi, maka kita tidak dapat menaruh keyakinan historis padanya. Singkatnya, jika kita ingin memiliki keyakinan historis pada apa yang dikatakan oleh naskah-naskah Perjanjian Baru, maka kita harus bertanya, "Apakah alasan-alasan yang kita miliki, sehingga kita membaca kitab-kitab itu, masuk akal?"

Secara singkat, ya, alasan-alasan kita masuk akal. Namun, untuk sampai pada kesimpulan itu dibutuhkan banyak usaha. Kita harus melakukan dua hal. Pertama, kita harus membuang pemikiran bahwa banyak orang telah disadarkan oleh novel *The Da Vinci Code*—bahwa kanon Perjanjian Baru diciptakan oleh sebuah konspirasi yang dilakukan sejumlah uskup yang bertindak secara kejam dan tidak adil dengan menekan kitab-kitab lain yang juga dapat dipercaya. Kedua, kita perlu bertanya, apakah orang-orang Kristen mula-mula memiliki alasan yang kuat untuk lebih menghormati naskah-naskah yang sekarang kita miliki. Jika konspirasi yang dituduhkan itu tidak terbukti, dan jika orang-orang Kristen mula-mula memiliki alasan-alasan yang kuat untuk lebih menghormati naskah-naskah Perjanjian Baru yang kita miliki ini, maka kita akan dapat mengatakan dengan penuh keyakinan bahwa kita sedang membaca kitab-kitab yang benar.

Segunung Kitab Injil?

Marilah kita memulai dengan memikirkan apakah konspirasi yang menekan dokumen-dokumen yang lain itu benar-benar ada. Terserah dari sudut mana Anda menyelidikinya, pemikiran itu hanyalah omong kosong belaka. Ada beberapa alasan mengapa kita berani mengatakan demikian.

Pertama-tama, tidak benar bahwa gereja mula-mula ditimpa segunung kitab yang menunjukkan beragam kepercayaan orang Kristen dan para uskup menanggapinya dengan menyingkirkan kitab-kitab yang sangat baik sebanyak pohon di hutan dan menyisakan hanya kitab-kitab yang mereka sukai. Orang-orang Kristen mula-mula tidak memiliki beragam kepercayaan. Bahkan, satu-satunya tulisan Kristen yang diyakini ditulis pada abad pertama adalah kitab-kitab yang akhirnya termasuk ke dalam Perjanjian Baru. Bukan hanya itu, tetapi kitab-kitab berikutnya yang lebih muda—ditulis pada paruh pertama abad kedua— ditulis oleh sekumpulan pengajar yang kita sebut bapa-bapa gereja, dan mereka semua menunjukkan kesepakatan doktrinal dengan kitab-kitab yang akhirnya menjadi bagian dari Perjanjian Baru. Baru pada paruh kedua dari abad kedua—sekitar seratus tahun setelah sebagian besar kitab-kitab Perjanjian Baru selesai ditulis— sejumlah dokumen mulai muncul yang ajarannya melenceng dari ajaran kitab-kitab yang awal. Meski demikian, dokumen-dokumen yang beredar belakangan itu menyadari adanya kitab-kitab yang lebih awal, dan membuatnya menjadi penantang terhadap sebuah tradisi yang telah diterima luas.

Jadi, apa maksudnya? Pemikiran bahwa ada segunung kitab "Injil" dan dokumen-dokumen lain yang bisa dipilih pada dua abad pertama sejarah kekristenan sama sekali tidak benar. Yang terjadi adalah kitab-kitab Perjanjian Baru ditulis, lalu satu abad kemudian muncul sejumlah kitab yang berusaha menantangnya.

Kedua, semua teori konspirasi bergantung pada segunung kitab "Injil" yang bertahan selama beberapa abad sebelum para uskup pada abad keempat membungkamnya. Namun, gereja telah mengakui bahwa kitab-kitab Perjanjian Baru berotoritas jauh sebelum tanggal munculnya konspirasi itu. Biasanya, para skeptis mengklaim bahwa tidak ada kanon yang diadakan sampai konsili atau para uskup menetapkannya pada abad keempat. Namun, bukti-bukti menunjukkan bahwa, meskipun gereja memperdebatkan otoritas beberapa kitab Perjanjian Baru pada abad keempat, orang-orang Kristen telah mengakui bahwa sebagian besar dari kitab-kitab Perjanjian Baru saat ini adalah kitab-kitab yang berotoritas sebelum akhir dari abad kedua. Bahkan, pada akhir abad pertama, mereka telah mengakui bahwa sebagian besar dari kitab-kitab tersebut (termasuk surat-surat Paulus) memiliki otoritas ilahi.

Berkaitan dengan keempat Injil itu sendiri (Matius, Markus, Lukas, Yohanes), kita memiliki beberapa alasan kuat bahwa gereja telah mengakui kitab-kitab itu berotoritas lebih awal daripada abad keempat. Salah seorang saksi atas diskusi menyangkut kitab-kitab itu adalah uskup Irenaeus dari Lyon, yang menulis pada tahun 180 M bahwa tepatlah bila Allah mengaruniakan kepada gereja empat kitab Injil karena ada empat penjuru bumi dan empat mata angin. Selama bertahun-tahun, beberapa orang tidak henti-hentinya mengejek Irenaeus karena hal itu. Kata mereka, "Orang bodoh macam apa yang mengklaim 'Ada empat mata angin, sehingga tepatlah bila ada empat kitab Injil?'" Bagaimana mungkin ia bisa meyakinkan orang-orang dengan argumen itu? Namun, cobalah menyadari: Irenaeus tidak sedang berusaha memberikan argumen yang *logis* dalam pernyataan itu. Ia tidak sedang mencoba meyakinkan para skeptis dengan penalaran itu. Yang ia lakukan adalah memberi sebuah pernyataan estetis mengenai betapa indah, cocok, dan tepat bila orang-orang Kristen memiliki empat kitab Injil. Pernyataan ini terutama menggema pada orang-orang yang *telah diyakinkan* dan hanya perlu mengonfirmasi keyakinan itu. Intinya adalah bahwa di situ terdapat fakta sejarah. Bahwa Irenaeus memberi argumen demikian—bukan untuk meyakinkan para skeptis—menunjukkan pengakuan bahwa keempat kitab Injil, dan hanya empat, telah diterima secara luas pada tahun 180 M.

Namun, aliran argumen kita tidak berhenti sampai di situ. Lebih jauh ke belakang, apologet Justin Martyr (menulis pada kira-kira tahun 150 M) sepertinya telah menerima keempat Injil tersebut; begitu pula seorang rekan pelayan bernama Papias, yang menulis sekitar tahun 110 M. Selain semua itu, bahkan ada sejumlah bukti yang menarik bahwa Papias mengutip *Rasul Yohanes* yang berkata bahwa ia menerima ketiga Injil yang lain dan menulis Injilnya sendiri.[4]

Inilah maksud saya: Gambaran yang umum diterima tentang kekristenan mula-mula, yaitu sebagai masa ketika beragam penulis Injil dan surat-surat penggembalaan berkumpul, dan berjuang

---

[4]Untuk melihat argumen ini, baca Hill, *Who Choose the Gospels?*, 207-25.

agar karya-karya mereka diterima oleh komunitas-komunitas Kristen sampai segerombolan uskup abad keempat dan kaisar mereka yang kafir membungkam mereka dan menghapuskan karya-karya mereka, hanyalah sebuah omong kosong yang laris. Kenyataan historisnya adalah bahwa sebagian besar dari dokumen-dokumen Perjanjian Baru, khususnya keempat kitab Injil, dikenali dan diakui sangat berotoritas sejak mulanya, dan tulisan-tulisan yang "menantang" kesepakatan umum itu baru muncul kira-kira satu abad kemudian. Jika itu benar, maka kita telah mengambil sebuah langkah penting dalam membangun keyakinan historis terhadap kanon Perjanjian Baru: tidak ada konspirasi untuk lebih menghormati kitab-kitab tersebut dan menekan kitab-kitab lain yang "sama-sama masuk akal tetapi memalukan."

Mereka Tidak Memilih—Mereka Menerima

Meski demikian, sebuah pertanyaan lain muncul. Sekalipun dokumen-dokumen Perjanjian Baru tidak dikanonkan oleh sebuah konspirasi jahat, kita harus bertanya, apakah orang-orang Kristen mula-mula memiliki alasan-alasan yang masuk akal dan sesuai sejarah mengapa mereka *memilih* dokumen-dokumen itu untuk dikanonkan.

Namun, tunggu dulu. Saya baru mengatakan sesuatu yang keliru di dalam paragraf sebelumnya. Orang-orang Kristen mula-mula tidak akan *pernah* berkata bahwa mereka *memilih* kitab-kitab mana yang harus dimasukkan ke dalam kanon. Pertanyaan itu saja sama dengan pertanyaan, "Mengapa Anda memilih orangtua yang Anda miliki sekarang?"

Orang-orang Kristen mula-mula sama sekali tidak berpikir seperti itu. Ketika mereka menulis tentang kitab-kitab mana yang akan dimasukkan ke dalam kanon dan mana yang tidak, berulang kali mereka memakai perkataan "kami *menerima*" dan "kitab-kitab ini *diwariskan.*" Mereka memahami peran mereka di dalam proses itu bukan seperti jari yang menilai, menunjuk, dan *memilih*, melainkan tangan yang dibalikkan ke atas, terbuka, dan *menerima*.

Pemikiran ini bukan sekadar perkara tata bahasa, atau pun rohani (belum), melainkan perkara sejarah, dan itu sangat bergantung pada bagaimana kita membayangkan kanonisasi tersebut. Gambaran bahwa gereja mula-mula memilih kitab-kitab mana yang dikanonkan mengimplikasikan bahwa mereka memulai dengan sebuah kertas kosong dan sekumpulan kitab lalu mereka mulai mengkaji setiap kitab dan memutuskan yang mana yang akan mereka hormati. Tidak pernah terjadi seperti itu. Bahkan, setiap dari mereka—dan setiap generasi—tidak memulai dengan selembar kertas kosong, tetapi dengan sekumpulan kitab berotoritas yang *diwariskan* kepada mereka dari generasi sebelumnya, dan generasi sebelumnya mendapatkannya dari generasi sebelumnya; begitu seterusnya sampai kepada para rasul. Memang benar bahwa terkadang seseorang menantang kumpulan kitab warisan itu, dan orang-orang Kristen harus membahasnya. Namun, faktanya tetap, yaitu bahwa mereka tidak berdiskusi untuk *memilih* atau *memutuskan*, tetapi *menerima apa yang telah diwariskan*. Sikap mereka adalah kerendahan hati. Mereka menerima, tidak memilih.

Mereka Memiliki Alasan-Alasan yang Kuat

Namun, kita masih bisa bertanya bagaimana orang-orang Kristen mula-mula itu bisa yakin bahwa tulisan-tulisan yang mereka akui berotoritas memang adalah tulisan-tulisan yang benar. Ketika tantangan terhadap kitab-kitab warisan itu diajukan—beberapa berkata bahwa kitab ini atau kitab itu *tidak* boleh dimasukkan ke dalam kanon; sedangkan yang lain bersikeras agar itu *dimasukkan*—bagaimana mereka menjawab? Apakah orang-orang Kristen mula-mula memiliki kriteria yang baku untuk berkata, "Ya, kami sangat yakin kitab yang kami terima ini harus dimasukkan ke dalam kanon, dan inilah alasan-alasannya . . . ," atau "Tidak, kami yakin bahwa kitab ini tidak boleh dimasukkan ke dalam kanon, dan inilah sebabnya . . . ." Dengan kata lain, apakah mereka menerima *secara buta* apa yang diwariskan kepada mereka, atau apakah mereka memiliki alasan-alasan yang kuat dan masuk akal mengapa mereka menerima kitab-kitab itu?

Jawabannya adalah ya, mereka memiliki kriteria tertentu dan alasan-alasan yang kuat. Dan, sepertinya ada empat syarat utama yang mereka pegang: *kerasulan, kekunoan, kesejatian ajaran,* dan *keumuman.*

Jika kita memiliki ruang dan waktu, kita hanya perlu menjabarkan semua tulisan awal yang di dalamnya orang-orang Kristen membahas mengapa gereja harus menerima kitab-kitab tertentu atau tidak, dan melalui penyelidikan itu kita akan menemukan empat syarat tersebut (dan mungkin yang lain). Namun, kita tidak memiliki hak istimewa itu—buku ini dimaksudkan untuk tetap ringkas! Untungnya, satu dokumen awal menunjukkan setidaknya tiga dari empat syarat tersebut dipakai dalam satu kesempatan. Dokumen itu, yang disebut *Kanon Muratorian* (atau Potongan Muratorian) adalah sebuah terjemahan berbahasa Latin dari abad kedelapan dari sebuah dokumen yang aslinya ditulis dalam bahasa Yunani, kemungkinan dari akhir abad kedua. Anda dapat membaca naskah lengkapnya di dalam buku-buku yang membahas tentang kanon secara lengkap (baca bagian Lampiran), tetapi di sini cukuplah bila kita mengutip beberapa kalimat yang menunjukkan bagaimana kriteria tersebut digunakan. Marilah kita memulai dengan syarat yang terpenting: kerasulan.

Alasan 1: Kerasulan

Kerasulan adalah sebuah kata yang rumit dengan arti yang sederhana. Itu merujuk kepada syarat bahwa sebuah dokumen Alkitab harus ditulis oleh seorang dari para rasul yang dipilih Yesus atau teman dekat dari seorang rasul. Berulang kali, penulis Kanon Muratorian bergantung pada pengujian berdasarkan syarat tersebut dalam membela kitab-kitab kanonis. Ia berkata, misalnya, "Keempat kitab Injil ditulis oleh Yohanes, salah seorang murid Yesus." Mengenai Injil Lukas, ia meyakini bahwa itu ditulis "dengan otoritas Paulus melalui Lukas," dan mengenai surat-surat penggembalaan, "Rasul Paulus yang diberkati itu sendiri . . . menulis . . . dengan nama ketujuh jemaat."[5]

Sejauh ini, prinsip kerasulan adalah syarat terpenting bagi gereja mula-mula untuk mengenali dan membela kanon. Dasar pemikirannya sederhana dan kuat: Tidak semua orang dapat menulis sebuah kitab mengenai Yesus lalu mengharapkan gereja untuk mengakuinya sebagai Kitab Suci. Otoritas itu disediakan bagi orang-orang yang ditunjuk Yesus secara khusus untuk menjadi rasul dan para sahabat dekat pilihan para rasul.

Satu hal yang menarik untuk diperhatikan di sini adalah bahwa pada abad kedua sampai abad keenam begitu banyak orang

---

[5]Dikutip dalam Wegner, *Journey*, 147, dan dalam J. Stevenson, ed., *A New Eusebius: Documents Illustrating the History of the Church to AD 337*, ed. ke-3, rev. W. H. C. Frend (Grand Rapids, MI: Baker Academic, 2013), 137–38.

berusaha menipu gereja dengan *mencatut nama rasul dan para pengikut Yesus abad pertama sebagai nama dokumen mereka!* Mengapa mereka melakukannya? Sederhana: mereka tahu bahwa mereka tidak akan diakui berotoritas kecuali mereka mengatakan bahwa kitab-kitab itu berasal dari seorang rasul atau sahabat rasul.

Alasan 2: Kekunoan

Syarat kekunoan berkaitan erat dengan kerasulan dan mungkin terutama digunakan untuk menolong menentukan apakah sebuah kitab benar-benar berasal dari seorang rasul. Sederhananya, agar sebuah kitab dianggap memiliki otoritas rasuli, itu harus kuno, dan ditulis pada abad pertama. Kitab-kitab yang ditulis lebih belakangan dari masa itu tidak memenuhi syarat karena semua rasul telah wafat pada awal abad kedua. Karena itu, syarat kekunoan tidak *menjamin* itu dimasukkan ke dalam kanon, tetapi dokumen yang tidak kuno *mencegah* itu dimasukkan ke dalam kanon.

Itulah yang kita lihat pada Kanon Muratorian, yang menolak sebuah kitab berjudul *Gembala Hermas* karena "itu ditulis cukup belakangan di kota Roma oleh Hermas . . . dan karenanya . . . itu tidak boleh dibaca sampai akhir zaman oleh umat gereja, atau pun di dalam kalangan nabi, yang jumlahnya telah genap, atau di antara para rasul."[6] Hai, orang Kristen, orang-orang Kristen mula-mula telah berkata: Jangan baca kitab-kitab seperti itu!

Alasan 3: Kesejatian Ajaran

Syarat ketiga agar diterima ke dalam kanon adalah sebuah kitab harus selaras dengan standar kebenaran yang tercermin pada tradisi doktrinal yang diwariskan dari Yesus sendiri. Pada awalnya,

---

[6]Dikutip dalam Wegner, *Journey*, 148; Stevenson, *New Eusebius*, 138.

banyak dari tradisi itu bersifat lisan, yang diteruskan dari mulut ke mulut selama puluhan tahun. Namun, seiring waktu berjalan dan berbagai kitab Injil dan surat-surat penggembalaan ditulis dan akhirnya diakui berotoritas, kanon itu sendiri menjadi standar yang menilai kitab-kitab yang lain. Karena itu, jika sebuah kitab mengajarkan sesuatu yang bertentangan dengan kitab-kitab yang telah diakui berotoritas, maka itu pasti ditolak. Penulis Kanon Muratorian berkata tentang keempat kitab Injil, "Meski berbagai gagasan yang berbeda diajarkan oleh beberapa kitab Injil, itu tidak menghasilkan perbedaan pada iman orang percaya, karena oleh satu Roh yang berdaulat segala sesuatu dinyatakan menyangkut kelahiran Yesus, sengsara-Nya, kebangkitan-Nya, percakapan-Nya dengan murid-murid-Nya, [dan] kedatangan-Nya yang kedua melalui kitab-kitab Injil."[7] Kitab-kitab itu konsisten dengan standar kebenaran, dan karenanya diterima tanpa ragu sebagai kitab-kitab yang berotoritas.

Alasan 4: Keumuman

Satu syarat lain yang penting sehingga gereja mula-mula membela kanon yang dibakukan adalah keumuman. Gagasan ini berkata bahwa kitab-kitab yang diakui berotoritas adalah kitab-kitab yang dipakai dan dihormati oleh orang-orang Kristen di setiap bagian dunia yang dikenal. Jika sebuah kitab hanya ada pada sebuah sekte atau hanya dipakai di daerah tertentu, maka kitab itu ditolak masuk kanon. Sebaliknya, sebuah kitab yang diragukan karena alasan tertentu bisa saja mendapat dukungan jika itu dipakai oleh orang-orang Kristen di seluruh dunia. Kenyataannya, karena Kitab Ibrani dan Wahyu diterima secara luas, itu menyebabkan kitab-kitab itu akhirnya diakui sebagai kitab-kitab kanonis.

---

[7]Dikutip dalam Wegner, *Journey*, 148; Stevenson, *New Eusebius*, 137.

Jadi, Apakah Kita Memiliki Kitab-Kitab yang Benar?

Baiklah, jadi kemana arah seluruh percakapan ini? Kita pertama-tama diberikan kesimpulan bahwa kanon Perjanjian Baru tidak dihasilkan dari sebuah konspirasi jahat (yang terlalu terlambat), yang memilih lebih menghormati kitab-kitab tertentu dan membungkam kitab-kitab lain yang dapat memberi "perspektif yang berbeda" atas Yesus. Kenyataannya, tidak banyak kitab "lain" yang tersedia, dan kitab-kitab itu pun baru muncul jauh di masa depan untuk menantang tradisi yang telah mapan dan kokoh. Semua pembahasan di atas juga membuat kita yakin bahwa orang-orang Kristen mula-mula tidak mencari wangsit atau secara acak merasakan angin kebenaran berhembus ketika memutuskan kanon. Sebaliknya, mereka memiliki alasan-alasan yang kuat, masuk akal, dan sesuai dengan sejarah dalam menjelaskan mengapa kitab-kitab yang kita baca sekarang adalah yang terbaik dalam menyajikan kehidupan dan ajaran-ajaran Yesus. Kitab-kitab itu bersifat rasuli (dan karenanya juga kuno), selaras dengan kebenaran yang diwariskan dari generasi ke generasi, dan orang-orang Kristen di seluruh dunia menghormati dan mengakuinya berotoritas.

Jadi, berkaitan dengan pertanyaan, "Apakah kita membaca kitab-kitab yang benar saat ini?", cobalah memikirkannya seperti ini: tidak satu pun dari dokumen-dokumen yang menyusun Perjanjian Baru gagal dalam proses pengujian berdasarkan kriteria tersebut. Memang, beberapa kitab memerlukan waktu yang lebih lama untuk diterima daripada yang lain, tetapi pada akhirnya gereja mengakuinya karena itu memenuhi setiap syarat. Artinya, tidak ada kitab di dalam kanon Perjanjian Baru yang seharusnya tidak ada di situ. Semua kitab bersifat rasuli, kuno, selaras dengan standar kebenaran, dan diterima secara luas. Singkatnya, kitab-

kitab itu adalah saksi-saksi yang dapat dipercaya atas kehidupan dan ajaran-ajaran Yesus.

Selain itu—dan mungkin ini lebih penting—tidak ada dokumen yang pernah masuk dalam kanon tetapi sekarang tidak ada lagi. Memang, beberapa kitab pernah mengejutkan orang-orang Kristen pada abad-abad pertama, tetapi pada akhirnya, setiap kitab itu diketahui tidak rasuli, tidak kuno, tidak sejalan dengan ajaran yang sejati, atau tidak diterima secara luas. Sebagai contoh, telah kita lihat bahwa kitab *Gembala Hermas* tidak lolos syarat kekunoan, dan karenanya, syarat kerasulan. Karena kitab itu ditulis oleh Hermas, yang bukan rasul ataupun sahabat seorang rasul, orang-orang Kristen menolaknya menjadi bagian dari kanon. Kitab *Injil Petrus*, dengan beberapa kitab yang lain, gagal dalam dua syarat: (1) itu bertujuan untuk menyingkapkan hal-hal khusus yang diajarkan Yesus "secara rahasia"—hal-hal yang bertentangan dengan apa yang diajarkan Yesus di hadapan umum—maka, itu gagal dalam ujian kesejatian ajaran; dan (2) itu hanya dipakai di dalam komunitas-komunitas gereja yang terpencil, dan karenanya gagal ujian keumuman. Dan, mungkin yang paling terkenal adalah kitab *Injil Tomas*, yang ditolak Gereja, bukan hanya karena naskah akhirnya diyakini ditulis pada abad kedua (artinya, itu tidak mungkin ditulis oleh Rasul Tomas yang telah mati martir pada waktu itu) tetapi juga karena itu mengandung ajaran-ajaran yang aneh dan bahkan bertentangan dengan ajaran-ajaran Yesus di hadapan umum yang terkenal.

Izinkan saya merangkum sebagai berikut: Bagaimana jika Anda memiliki sebuah kertas kosong, dan kesempatan untuk menyusun sendiri kanon Perjanjian Baru? Bagaimana Anda akan menetapkan sebuah daftar yang berisi dokumen-dokumen kuno yang harus dipercaya, dan yang tidak? Apakah Anda bisa memikirkan kriteria yang lebih baik daripada, misalnya, "Agar dapat dipercaya, sebuah kitab: (1) harus ditulis atau disahkan oleh orang-orang yang dekat dengan Yesus (syarat kerasulan dan kekunoan); (2) tidak boleh terpisah dari apa yang kita tahu sebagai ajaran-ajaran Yesus (syarat kesejatian ajaran); dan (3) tidak boleh bersifat sektarian tetapi harus dipakai secara luas pada semua komunitas Kristen (syarat keumuman)"? Terus terang, menurut saya, memikirkan kriteria yang lebih baik dari itu akan sangat sulit.

Untuk memantapkan contoh di atas, kitab-kitab mana dari Perjanjian Baru yang akan Anda keluarkan dari kanon, dan seberapa besar akibatnya terhadap batang tubuh doktrin agama Kristen secara keseluruhan? Selain itu, kitab-kitab lain mana yang akan Anda *masukkan*? Apakah Anda akan memasukkan kitab *Gembala Hermas*, sekalipun kebanyakan orang Kristen tahu bahwa itu ditulis oleh seorang pria sembarang lebih dari satu abad setelah kematian Yesus? Apakah Anda akan tetap menginginkan agar *Injil Petrus*, yang sama sekali tidak ditulis oleh Petrus, dan merupakan usaha terang-terangan untuk menyusupkan ajaran-ajaran "rahasia" Yesus yang tidak pernah didengar oleh siapa pun sebelumnya? Atau, bagaimana dengan *Injil Tomas*, yang tidak ditulis oleh Tomas dan akan memaksa Anda menganonkan perikop-perikop seperti ini:

Simon Petrus berkata kepada mereka, "Biarlah Maria meninggalkan kita, sebab seorang wanita tidak layak memperoleh Hidup."

Yesus berkata, "Aku sendiri akan menuntunnya supaya ia menjadi laki-laki, supaya ia juga bisa menjadi roh hidup yang menyerupai kalian para pria. Sebab, setiap wanita yang menjadikan dirinya laki-laki akan masuk ke dalam Kerajaan Surga."[8]

(Kitab itu sungguh berkata seperti itu.) Anda paham maksud saya? Jika kita mau jujur setelah mempertimbangkan semua itu, saya ragu kita bisa merumuskan kumpulan dokumen yang lebih baik daripada yang disusun oleh gereja mula-mula.

Bahkan, bila Anda merenungkannya, orang-orang Kristen mula-mula sepertinya sangat hebat dalam mengenali dokumen-dokumen mana yang dapat menjadi pemandu yang terpercaya atas apa yang sebenarnya dikatakan dan dilakukan Yesus. Di sisi lain, mereka sama sekali tidak terlibat dalam permainan kekuasaan untuk membungkam dokumen-dokumen *lain* yang bagus. Dan, di sisi lain lagi, dokumen-dokumen yang mereka bela sebagai dokumen-dokumen yang berotoritas memiliki alasan-alasan yang kuat.

Jika memang seperti itu, maka kita tidak perlu khawatir bahwa kita membaca dokumen-dokumen yang salah, yaitu dokumen-dokumen lain yang dapat memberi kita gambaran yang *lebih baik* mengenai siapa Yesus itu dan apa yang telah dilakukan-Nya daripada Perjanjian Baru. Bahkan, kita bisa sangat yakin bahwa kitab-kitab yang kita miliki saat ini adalah kitab-kitab yang *terbaik* untuk itu—paling kuno, paling terpercaya, paling dapat diandalkan.

Tentu saja, satu-satunya persoalan adalah apakah para penulis dokumen-dokumen itu benar-benar sedang berusaha menyampaikan informasi yang akurat.

Bagaimana jika tidak?

---

[8] *The Gospel of Thomas*, perkataan 114; terjemahan ini dikutip dalam Blomberg, *Can We Still Believe the Bible?*, 73.

5

Tetapi Bisakah Saya Memercayai Anda?

"Semua jalan macet. Hiruk pikuk manusia seperti malam tahun baru di pusat kota. Tetapi tunggu dulu . . . Sekarang musuh terlihat di atas jajaran kawat berduri. Ada lima—lima mesin raksasa. Yang pertama sedang menyeberangi sungai. Saya bisa melihatnya dari sini . . . Sebuah buletin diberikan kepada saya . . . Silinder-silinder dari Mars berjatuhan di atas seluruh negeri. Satu di luar kota Buffalo, satu di Chicaco, St. Louis . . . sepertinya ini sengaja diatur berjarak secara ruang dan waktu . . . Sekarang, mesin-mesin yang pertama telah mencapai pantai. Ia diam sambil mengamati, memperhatikan kota itu . . . Ia menunggu mesin-mesin yang lain. Mereka muncul seperti barisan menara baru di sebelah Barat kota . . . Sekarang, mereka mengangkat tangan-tangan logam mereka. *Tamatlah kita sekarang.* Ada asap keluar . . . asap hitam menyebar ke seluruh kota. Orang-orang yang ada di jalan-jalan menyaksikannya! Mereka berlari ke arah East River . . . ribuan orang menceburkan diri seperti gerombolan tikus! Sekarang, asapnya menyebar semakin cepat. Itu telah mencapai Times Square. Orang-orang bergegas turun dari tangga, tetapi sia-sia. Mereka berjatuhan seperti lalat! Sekarang, asap itu menyeberangi Sixth Avenue . . . Fifth Avenue . . . mendekati 90 meter . . . sekarang cuma 5 meter . . ."

[Lalu terdengar suara orang-orang tercekik, berjuang mencari napas, lalu sunyi-senyap. Sesaat kemudian terdengarlah suara ini setelah sedikit suara derakan:] "2X2L memanggil CQ . . . 2X2L memanggil CQ . . . New York? Apakah ada yang mendengarkan? Apakah ada yang mendengarkan? Apakah ada orang . . ."[1]

Pada hari Minggu, 30 Oktober 1938, sekitar pukul 20:15, itulah berita yang didengar orang-orang di seluruh Amerika Serikat dari siaran Columbia Broadcasting System (CBS). Dalam hitungan menit, produser stasiun radio di kota New York itu ditelepon walikota Midwestern yang marah dan menuntut agar siaran itu segera dihentikan karena orang-orang berkeluaran dari rumah-rumah dan berlarian di jalan-jalan. Segera setelah itu, semua wartawan dari berbagai kantor berita mendatangi kantor CBS untuk meminta jawaban. Berikut adalah tanggapan produser dalam menggambarkan situasi saat itu:

Jam-jam berikutnya adalah mimpi buruk. Gedung itu tiba-tiba penuh dengan orang-orang berseragam biru tua . . . . Akhirnya, para wartawan dibiarkan masuk dan menimbulkan kengerian. Berapa banyak kematian yang *kami* dengar? (Dari berita tersebut mereka menduga ada ribuan.) Apa yang *kami* tahu tentang kepanikan yang mematikan di sebuah aula di Jersey? (Mereka menduga itu satu dari banyak peristiwa serupa.) Berapa yang mati akibat kecelakaan lalu lintas? (Parit-parit pasti penuh dengan mayat.) Berapa yang mati karena bunuh diri? (Apakah Anda

---

[1] "The War of the Worlds," Internet Sacred Text Archive, diakses 26 Mei 2015, http://www.sacred-texts.com/ufo/mars/wow.htm.

belum mendengar ada yang bunuh diri di Riverside Drive?)
Semuanya sekarang samar-samar dalam ingatan saya, tetapi
rasanya tetap mengerikan.[2]

Untungnya, sama sekali tidak ada yang mati pada malam itu—
entah karena terinjak-injak atau kecelakaan lalu lintas atau bunuh
diri. Pula tidak ada yang mati di tangan alien dari Mars. Itu karena
"siaran berita" yang memicu kepanikan massal pada malam itu
hanyalah sebuah drama radio yang disadur dari novel *The War of
the Worlds*, karangan H. G. Wells.

Orang-orang selalu bertanya-tanya, apa yang menyebabkan
orang-orang panik hanya karena sebuah drama radio? Maksud
saya, mereka pasti telah mendengar drama-drama fiksi sebelumnya;
bahkan, "The War of the Worlds" adalah bagian dari seri drama
yang berjudul *The Mercury Theatre on Air*. Namun, dalam hal
ini, beberapa faktor—ketakutan akan kemungkinan perang
dengan Jerman ketika itu, jeda iklan yang jaraknya dibuat lebih
jauh dalam acara tersebut, beberapa pendengar yang melewatkan
bagian pembuka karena sebuah acara lain yang populer baru
selesai di stasiun radio yang lain—menciptakan badai sempurna
yang membuat banyak orang *benar-benar mengira bahwa para
alien dari Mars sedang menyerbu kota New York.*

Saya tertarik membandingkan episode tersebut dengan
catatan-catatan tentang kehidupan Yesus di dalam Alkitab.
Bagaimana jika, seperti banyak orang yang mendengarkan siaran
CBS "The War of the Worlds," kita salah memahami tujuan
para penulis Alkitab? Bagaimana jika mereka sebenarnya tidak
bermaksud untuk menyampaikan apa yang pernah terjadi tetapi

---

[2]John Houseman, *Run Through: A Memoir* (New York: Simon & Schuster, 1972), 404.

menulis cerita fiksi, menciptakan legenda, atau bahkan mencoba menipu? Dengan kata lain, demi semua pertanyaan itu, apakah kita sekarang bisa yakin bahwa:

1. terjemahan-terjemahan atas naskah-naskah Alkitab saat ini dapat dipercaya,

2. naskah-naskah Alkitab saat ini mencerminkan naskah-naskah aslinya, dan

3. kita sekarang membaca dokumen-dokumen yang benar dan terbaik untuk memperoleh informasi.

Pertanyaan berikutnya adalah, bisakah kita yakin bahwa orang-orang yang menulis dokumen-dokumen Alkitab itu sendiri dapat dipercaya? Apakah mereka benar-benar bermaksud untuk menyampaikan secara akurat apa yang mereka percaya telah terjadi?[3]

Mencari Petunjuk

Hal yang menarik dari kekonyolan situasi "War of the Worlds" tersebut adalah bahwa sebenarnya telah berulang kali penyiar memberi petunjuk bahwa yang sedang didengar orang-orang bukanlah sebuah laporan berita melainkan drama fiktif. Itu bahkan disampaikan secara terang-terangan. Sebagai contoh, kata-kata pertama yang terdengar di awal acara itu adalah, "Columbia Broadcasting System, dan stasiun-stasiun radio yang terafiliasi dengannya, mempersembahkan "Orson Welles and the Mercury Theatre on the Air" dalam acara *The War of the Worlds* karya H. G.

---

[3]Untuk menulis bab ini, saya khususnya bersandar pada buku Craig L. Blomberg, *The Historical Reliability of the Gospels*, ed. ke-2 (Downers Grove, IL: IVP Academic, 2007).

Wells."[4] Pula, kata-kata berikutnya setelah terdengar suara orang-orang tercekik karena gas yang dilepaskan oleh para alien Mars adalah, "Anda sedang mendengarkan siaran CBS 'Orson Welles and the Mercury Theatre on the Air' dalam acara dramatisasi dari *The War of the Worlds* karya H. G. Wells. Acara akan dilanjutkan setelah jeda berikut."[5] Bahkan, acara tersebut diselingi jeda iklan seperti itu sebanyak empat kali! Meski begitu, CBS diwajibkan pemerintah untuk menyampaikan *tiga tambahan pengumuman* selama sisa malam itu *di seluruh jaringan radionya* bahwa para alien Mars tidak benar-benar menyerbu bumi!

Bagi para pendengar kami yang mengikuti acara "Orson Welles and the Mercury Theatre on the Air" yang disiarkan dari pukul 8 hingga pukul 9 malam ini, dan tidak menyadari bahwa acara tersebut hanyalah sebuah adaptasi yang telah dimodernisasi dari novel *War of the Worlds* karangan H. G. Wells, maka kami mengulangi kenyataan yang telah diperjelas empat kali di dalam acara tersebut bahwa, meski beberapa nama kota di Amerika Serikat disebutkan, sebagaimana pada novelnya, seluruh cerita tersebut, dan peristiwa-peristiwa yang disebutkan, hanyalah fiktif belaka.[6]

Ya ampun, orang-orang itu seharusnya menyimak petunjuk-petunjuk yang sudah diberikan—ini pun ditegaskan oleh CBS dalam pengumuman mereka! Mereka seharusnya mendengar indikasi-indikasi dalam acara tersebut bahwa itu bukan laporan

---

[4] "War of the Worlds".

[5] Ibid.

[6] Hadley Cantril, Hazel Gaudet, dan Herta Herzog, *The Invasion from Mars: A Study in the Psychology of Panic, with the Complete Script of the Famous Orson Welles Broadcast* (Princeton, NJ: Princeton University Press, 1940), 43-44.

peristiwa yang sebenarnya. Semuanya telah dipaparkan di hadapan mereka.

Kembali kepada pertanyaan kita. Apakah Alkitab memberi petunjuk-petunjuk seperti itu? Apakah kita diberikan indikasi apa pun bahwa kita seharusnya membaca seluruh Alkitab *bukan* sebagai sejarah, melainkan sebagai cerita fiksi, legenda, mitos, atau apa pun yang lain? Alkitab memang memberi beberapa petunjuk, tetapi ke arah yang *sebaliknya*. Seluruh Alkitab mengarahkan kepada kesimpulan bahwa para penulis Alkitab bermaksud untuk melaporkan peristiwa-peristiwa yang akurat sebagaimana yang mereka saksikan.

Apa yang Dulu Mereka Lakukan?

Inilah persoalannya: Jika Anda ingin menegaskan bahwa para penulis Alkitab memiliki maksud yang berbeda selain dari melaporkan secara akurat, kejujuran intelektual menuntut, bukan supaya Anda sekadar mengakui klaim tersebut, tetapi supaya Anda mengajukan sebuah alternatif yang masuk akal. Jika mereka dulu tidak berusaha melaporkan peristiwa-peristiwa secara akurat, lantas apa yang sebenarnya hendak mereka lakukan? Marilah kita memikirkan alternatif-alternatifnya:

1. Para penulis Alkitab mungkin memiliki *tujuan non-historis* ketika menulis. Mungkin mereka, seperti H. G. Wells, hanya ingin menulis sejenis novel, yang mereka tahu tidak benar-benar terjadi, dan yang tidak mereka harap akan dianggap nyata oleh siapapun. Atau, mereka mau menciptakan sebuah legenda—mengambil peristiwa-peristiwa yang biasa lalu memolesnya dengan rincian-rincian yang luar biasa. Orang-orang yang menciptakan

cerita legenda seringkali percaya bahwa cerita-cerita mereka dapat mengajarkan sesuatu—meski samar-samar—tentang kenyataan atau asal-usul bangsa mereka, sekalipun mereka juga tahu bahwa rincian-rincian yang luar biasa di dalam cerita mereka hanyalah khayalan. Masalahnya adalah para pendengar dan pembaca cerita mereka tidak selalu dapat membedakannya, dan mengira seluruh cerita itu benar. Jadi, mungkin yang kita baca di dalam Alkitab adalah cerita *fiksi* atau *legenda*, bukan laporan peristiwa, dan orang-orang Kristen menelannya begitu saja.

2. Para penulis Alkitab mungkin memiliki *tujuan untuk menipu*. Mungkin mereka, seperti banyak orang sebelum dan sesudah mereka, berusaha untuk mengelabui semua orang, dan membuat mereka memercayai sesuatu yang tidak pernah terjadi. Mungkin semua itu sebuah kebohongan besar, pemainan kekuasaan, atau ambisi yang diumbar.

3. Para penulis Alkitab itu sendiri mungkin *tertipu*. Bukan berarti seseorang sengaja menipu mereka untuk mengatakan itu. Mungkin pikiran mereka sendiri menipu mereka, atau cerita-cerita tradisi yang mereka dengar dari orang-orang Kristen lain telah diubah. Apa pun itu, para penulis Alkitab *tanpa sadar* mewariskan tipuan itu kepada kita.

4. Terakhir, mungkin tujuan para penulis Alkitab tidaklah penting, karena sekalipun mereka berusaha memberi gambaran-gambaran yang akurat akan apa yang terjadi, catatan-catatan mereka begitu *membingungkan, saling bertentangan*, dan *penuh dengan kesalahan* sehingga kita akhirnya tidak bisa memercayai apa pun darinya.

Mungkin salah satu dari skenario-skenario tersebut benar-benar merekam kenyataan yang sesungguhnya. Namun, bagaimana jika tidak satupun dari skenario-skenario itu sesuai dengan kenyataan? Jika merupakan sebuah kemungkinan bahwa para penulis *tidak* bermaksud untuk menulis sebuah cerita fiksi atau legenda, bahwa mereka *tidak* berusaha menipu, bahwa mereka sendiri *tidak* tertipu, dan bahwa tulisan-tulisan mereka *tidak* penuh dengan kesalahan seperti yang dituduhkan oleh beberapa orang, maka kita bisa menyimpulkan dengan penuh keyakinan bahwa para penulis itu memang *bermaksud* untuk memberi kita informasi yang akurat, sehingga kita bisa dengan yakin berkata, "Dokumen-dokumen itu *sesuai dengan sejarah.*" Namun, bukan berarti kita bisa yakin bahwa mereka akhirnya dapat memahaminya; itu pertanyaan bagi bab berikutnya. Jalannya masih panjang karena bukanlah perkara mudah untuk dapat berkata dengan yakin, "Para penulis Alkitab tidak menulis cerita fiksi, mereka tidak menyebarkan cerita bohong, mereka tidak tertipu, dan mereka tidak mengalami kebingungan. Mereka benar-benar percaya bahwa semua hal itu terjadi."

Para Penulis Cerita Fiksi?

Marilah kita mulai memikirkan persoalan ini dengan merenungkan kemungkinan yang pertama, yaitu bahwa para penulis Alkitab mungkin memiliki *tujuan non-historis*, dan mereka tidak ingin agar kita benar-benar memercayai apa yang mereka katakan. Pertanyaan pertama yang harus diajukan di sini adalah apakah para penulis Alkitab memberi tahu kita secara terang-terangan di suatu tempat bahwa yang mereka tulis adalah cerita fiksi, seperti CBS memberi tahu para pendengarnya bahwa mereka sebenarnya sedang mendengarkan sebuah acara drama. Jawabannya adalah tidak. Alkitab tidak mengandung apa pun semacam itu. Bahkan, berulang kali para penulis Alkitab mengatakan hal yang sebaliknya dengan jelas. Mereka memberi tahu kita bahwa mereka benar-benar memercayai semua yang mereka katakan, dan mereka ingin agar kita juga memercayainya.

Berikut ini, misalnya, adalah cara Lukas memulai catatannya mengenai kehidupan Yesus:

Teofilus yang mulia, Banyak orang telah berusaha menyusun suatu berita tentang peristiwa-peristiwa yang telah terjadi di antara kita, seperti yang disampaikan kepada kita oleh mereka, yang dari semula adalah saksi mata dan pelayan Firman. Karena itu, setelah aku menyelidiki segala peristiwa itu dengan seksama dari asal mulanya, aku mengambil keputusan untuk membukukannya dengan teratur bagimu, supaya engkau dapat mengetahui, bahwa segala sesuatu yang diajarkan kepadamu sungguh benar. (Luk. 1:1-4)

Tidak ada yang lebih jelas menyangkut motivasi Lukas daripada itu. Ia telah "menyelidiki segala peristiwa itu dengan seksama dari asal mulanya" dan sekarang ia menulis "untuk membukukannya dengan teratur" mengenai hal-hal tersebut supaya Teofilus tersebut "mengetahui, bahwa . . . sungguh benar" yang telah diajarkan kepadanya mengenai Yesus. Apa pun yang sedang diusahakan oleh Lukas, ia tidak menulis sebuah cerita hanya untuk menghibur; ia ingin pembacanya memercayai laporannya.

Yohanes juga memberi tahu maksudnya ketika menulis catatan tentang kehidupan Yesus.

> Memang masih banyak tanda lain yang dibuat Yesus di depan mata murid-murid-Nya, yang tidak tercatat dalam kitab ini, tetapi semua yang tercantum di sini telah dicatat, supaya kamu percaya, bahwa Yesuslah Mesias, Anak Allah, dan supaya kamu oleh imanmu memperoleh hidup dalam nama-Nya. (Yoh. 20:30-31)

Anda lihat? Ia juga tidak sedang menulis fiksi; ia ingin agar orang-orang percaya bahwa Yesus adalah Kristus. Artinya, ia ingin agar kita percaya bahwa hal-hal yang ia tulis di dalam kitabnya benar-benar pernah terjadi.

Di tempat yang lain juga, Yohanes memberi tahu motivasinya ketika menulis:

> Apa yang telah ada sejak semula, yang telah kami dengar, yang telah kami lihat dengan mata kami, yang telah kami saksikan dan yang telah kami raba dengan tangan kami . . . Apa yang telah kami lihat dan yang telah kami dengar itu, kami beritakan kepada kamu juga. (1Yoh. 1:1, 3)

Hal yang tidak diinginkan Yohanes dikatakan siapa pun setelah membaca Injilnya adalah, "Oh, Yohanes itu benar-benar seorang pencerita ulung. Ia seharusnya dikontrak untuk menulis buku!" Tidak; ia ingin agar kita tahu bahwa ia benar-benar menyaksikan peristiwa-peristiwa tertentu, mendengarnya, bahkan *bersentuhan* dan mengalaminya sendiri, dan sekarang ia menceritakannya kepada kita. Setidaknya menurut maksud yang ia ungkapkan, Yohanes tidak sedang menulis cerita fiksi atau legenda. Ia benar-benar ingin agar kita memercayai apa yang ia sampaikan.

Selain semua pernyataan maksud yang jelas tersebut, para penulis Alkitab memberi indikasi-indikasi lain bahwa mereka ingin agar kita memercayai apa yang mereka tulis. Sebagai contoh, ingat betapa sering para penulis itu merujuk kepada peristiwa dan situasi-situasi khusus dalam sejarah yang dapat dipastikan kebenarannya. Hal-hal semacam itu memenuhi Perjanjian Baru, tetapi hanya satu contoh yang akan kita lihat. Perhatikan sebuah paragraf dari Injil Lukas ini:

> Dalam tahun kelima belas dari pemerintahan Kaisar Tiberius, ketika Pontius Pilatus menjadi wali negeri Yudea, dan Herodes raja wilayah Galilea, Filipus, saudaranya, raja wilayah Iturea dan Trakhonitis, dan Lisanias raja wilayah Abilene, pada waktu Hanas dan Kayafas menjadi Imam Besar, datanglah firman Allah kepada Yohanes, anak Zakharia, di padang gurun. (Luk. 3:1-2)

Seorang penulis menyingkapkan bahwa hanya dengan dua ayat tersebut, Lukas memberikan tidak kurang dari dua puluh satu rujukan terhadap tokoh, tempat, dan situasi di dalam sejarah, dan masing-masing telah teruji dan dapat dipastikan kebenarannya.[7] Kita menemukan perhatian Lukas terhadap hal-hal yang rinci di dalam kitab keduanya, yaitu Kisah Para Rasul. Para penulis Perjanjian Baru yang lain juga menyertakan rujukan-rujukan yang dapat dipastikan kebenarannya pada zaman itu di dalam tulisan-tulisan mereka. Inilah intinya: Lukas dan para penulis Alkitab yang lain tidak menulis cerita fiksi atau legenda; sebaliknya, mereka berhati-hati menyusun cerita-cerita mereka menjadi sebuah kesatuan yang dapat dipastikan kebenarannya atas sebuah kehidupan yang nyata dan bersejarah. Mereka benar-benar ingin agar kita memercayai apa yang mereka tulis.

---

[7] Nathan Busenitz, *Reasons We Believe: 50 Lines of Evidence That Confirm the Christian Faith* (Wheaton, IL: Crossway, 2008), 127.

Namun, bagaimana seandainya mereka sekadar ingin agar kita memercayai kebohongan-kebohongan yang mereka susun?

Dengan Maksud untuk Menipu?

Pertanyaan itu menuntun kita kepada kemungkinan yang kedua, yaitu bahwa para penulis Alkitab mungkin memiliki *tujuan untuk menipu*. Tidakkah mungkin bila mereka sekadar ingin menyebarkan sebuah kebohongan dan ingin agar kita memercayai hal-hal yang tidak benar-benar terjadi? Apakah tidak mungkin bila, sementara mereka mengaku mengatakan kebenaran—bahkan menyertakan fakta-fakta sejarah—mereka sebenarnya berusaha membodohi kita dan membuat kita percaya kepada setumpuk kebohongan?

Bisa saja. Apapun mungkin. Namun, tujuan kita di sini bukanlah untuk mengenali sesuatu yang *hampir mungkin*. Kita berusaha untuk tiba pada sebuah keyakinan menyangkut sesuatu yang *mungkin*. Kenyataannya, bila Anda merenungkan situasinya, kemungkinan para penulis Alkitab mencoba menipu kita hampir-hampir nol. Marilah kita memikirkan beberapa hal.

Pertama-tama, merekayasa sebuah kebohongan sebesar itu akan sangat sulit, dan mendekati mustahil. Seluruh dua puluh tujuh kitab Perjanjian Baru selesai ditulis hanya beberapa puluh tahun sejak Yesus naik ke surga. Itu berarti ketika kitab-kitab itu mulai beredar, ratusan (mungkin ribuan) orang, yang pernah melihat Yesus dan menyaksikan apa yang pernah dilakukan-Nya, masih hidup. Jadi, seandainya Lukas, misalnya, hanya merekayasa cerita, atau membual, akan ada cukup banyak orang yang berkata, "Tunggu dulu, Bung. Itu tidak pernah terjadi. Anda mengarang cerita bohong, Lukas." Kita tidak pernah memiliki catatan tentang seorang yang pernah berkata seperti itu. Argumen ini menjadi semakin kuat bila Anda menyadari bahwa bahkan orang-orang yang berusaha keras mengakhiri kekristenan tidak menyangkali fakta bahwa Yesus benar-benar melakukan dan mengatakan hal-hal yang diklaim para penulis Alkitab. Mereka hanya menuduh-Nya penipu atau salah. Seandainya ada alasan untuk berpikir bahwa Ia tidak mengatakan semua itu—bahwa para penulis Alkitab hanya mengarang cerita—Anda bisa yakin bahwa musuh-musuh agama Kristen tidak akan membuang waktu untuk segera menghabisinya.

Kedua, tidak hanya mengadakan penipuan dalam skala sebesar itu di hadapan jumlah saksi mata sebanyak itu akan sangat sulit, tetapi juga jika ada yang berusaha melakukannya, orang-orang yang ditetapkan sebagai juru bicara utama mereka bukanlah pilihan yang bagus. Coba pikirkan: Apakah Anda tahu bahwa dua dari penulis kitab Injil—Lukas dan Markus—bukanlah para rasul dari Yesus, dan tidak pernah melihat-Nya dengan mata kepala sendiri? Lukas adalah sahabat dan rekan pelayanan Paulus, tetapi ia bukan seorang pemimpin gereja yang terkemuka dan tidak memiliki otoritas apa pun. Yohanes Markus adalah sahabat dan rekan pelayanan Petrus dan Paulus, tetapi ia paling dikenal karena pernah meninggalkan Paulus di Pamfilia sehingga nanti Paulus menolaknya ketika ia ingin kembali melayani (Kis. 13:13; 15:37-41). Bahkan Matius, meski memang salah seorang dari para rasul, dulunya ia adalah pemungut pajak yang culas bagi pemerintah Romawi. Jika Anda berusaha menipu dunia dengan kebohongan, sulit untuk membayangkan bahwa jagoan-jagoan yang Anda pilih adalah seorang yang biasa, seorang desersi, dan seorang pemungut pajak. Itu tidak akan menjamin keberhasilan.

Kenyataan itu membawa kita kepada pokok pikiran yang

ketiga. Jika para penulis Perjanjian Baru memang berusaha menipu dunia, apa motivasi mereka? Agar nama mereka terkenal? Menjadi kaya? Menjadi pemimpin berkuasa di sebuah jemaat yang berpengaruh? Jika itu adalah rencana mereka, maka mereka dapat dikatakan gagal total. Kebanyakan dari para rasul ditangkap dan dibunuh, entah kepala mereka dipenggal, disalibkan, atau menderita cara hukuman mati yang mengerikan.

Di atas semua itu, seandainya motivasi mereka adalah untuk membuat citra mereka kelihatan baik—atau melebih-lebihkan sesuatu agar agama Kristen kelihatan baik—maka mereka telah menyabotase diri mereka sendiri dengan memasukkan terlalu banyak hal-hal rinci yang memalukan di dalam cerita mereka, termasuk hal-hal yang membuat tokoh-tokoh pahlawannya tidak kelihatan heroik. Jika Anda berusaha menyebarkan kebohongan untuk membuat agama baru Anda menarik, mengapa Anda tetap menunjukkan bahwa para pemimpin masa depan Anda keras kepala seperti batu ketika mencoba memahami apa yang Yesus katakan? Mengapa Anda akan memasukkan cerita tentang Petrus yang salah memahami Yesus sehingga ia memotong telinga seseorang, tetapi kemudian dibentak seperti seorang anak kecil? Karena itu, mengapa Anda akan memberitakan cerita-cerita tentang Yesus (sosok Allah-manusia mahatahu yang Anda karang sendiri), tanpa mengetahui siapa yang menyentuh jubah-Nya, atau yang menangis bersama beberapa wanita di depan sebuah makam, atau mengapa Ia mengutuk sebatang pohon ara sampai mati karena itu tidak menghasilkan buah apa pun?

Saya tahu bahwa orang-orang Kristen berkata bahwa semua cerita tersebut memiliki makna mendalam di baliknya, tetapi pengkhotbah mana pun akan mengakui bahwa diperlukan banyak usaha untuk sampai pada kesimpulan itu—makna itu tidak langsung terbaca di permukaan. Di situlah intinya: Jika Anda hendak menyebarkan sebuah kebohongan dengan motivasi untuk menciptakan agama baru, dengan pendiri dan para pemimpinnya terlihat baik, maka itu bukan cerita yang akan Anda karang. Anda pasti tidak akan menceritakan bagaimana Markus meninggalkan Paulus, dan ia menolaknya ketika ia mencoba kembali, dan seluruh masalah itu menyebabkan kemunduran. Satu-satunya alasan Anda menyebarkan cerita-cerita memalukan itu adalah karena Anda tidak ingin membuat cerita itu terlihat baik, melainkan Anda *hanya menyampaikan apa yang telah terjadi.*

Tentu saja, Anda bisa selalu berpikir seperti film *Manchurian Candidate* dan berkata bahwa semua hal rinci yang memalukan itu dibuat untuk melencengkan kita, dan membuat kita mengira bahwa itu yang sebenarnya, padahal mereka berbohong kepada kita. Namun, pada titik itu Anda akan semakin dalam terjebak dalam teori konspirasi, dan patutlah kita bertanya apakah tujuan Anda adalah untuk memperoleh kebenaran atau hanya membela dugaan-dugaan Anda.

Omong-omong, izinkan saya mengatakan satu hal lagi di sini; satu hal yang dapat diterapkan kepada semua yang telah saya katakan sejauh ini di dalam bab ini. Tidak ada orang yang rela mati demi sebuah cerita fiksi atau kebohongan. Jika tujuan Anda menulis adalah sekadar untuk menciptakan novel atau menipu, Anda tidak akan mempertahankan cerita itu bila kepala Anda akan dipenggal. Satu-satunya kemungkinan Anda mau bertahan dengan cerita tersebut adalah jika Anda *benar-benar percaya bahwa apa yang Anda tulis itu pernah terjadi.* Itulah yang kita temukan pada orang-orang yang menulis Perjanjian Baru. Mereka tetap menulis dan mengajarkan tulisan-tulisan mereka sekalipun mereka tahu bahwa mereka bisa saja dibunuh karena apa yang mereka katakan. Namun, melalui semua ancaman itu, sampai pada saat kematian mereka, *mereka tetap mengajarkannya*. Bedahlah cerita itu sesuka hati Anda, tetapi Anda akan menemukan bahwa orang-orang itu tidak berbohong. Mereka memercayai apa yang mereka tulis, dan mereka ingin agar kita juga memercayainya.

Sekadar Tertipu?

Namun, ada kemungkinan lain, bukan? Bagaimana jika para penulis Alkitab bukan penipu, tetapi tertipu? Teori itu telah diajukan dalam berbagai bentuk di sepanjang abad, tetapi itu tidak pernah memiliki pegangan yang kuat. Satu versi yang terkenal, misalnya, menuduh semua murid Yesus mengalami halusinasi massal dan merasa melihat Yesus bangkit lalu menuliskan cerita legenda itu agar sesuai dengan kisah latar yang ada. Kita tidak perlu banyak berpikir untuk menyadari betapa mustahilnya hal itu. "Halusinasi massal" adalah gagasan yang tidak masuk akal. Menurut definisinya, halusinasi bersifat internal, personal, dan individual. Itu berada di dalam pikiran individu, dan kecuali ada semacam koneksi paranormal di antara sesama manusia, maka halusinasi tetap tidak dapat menular. Selain itu, mengingat betapa banyaknya kelompok orang yang berbeda melaporkan melihat Yesus berjalan kembali di muka bumi selama beberapa minggu, maka gagasan halusinasi massal mulai menjadi konyol.

Versi lain yang rumit dari teori tersebut adalah bahwa murid-murid Yesus menderita semacam "wishful-thinking [harapan pikiran]" yang berbahaya. Argumen itu mengatakan bahwa karena para murid tidak dapat menerima kenyataan bahwa Yesus telah mati, mereka menghidupkan sebuah dunia fantasi yang meyakini dan mengklaim bahwa Ia benar-benar hidup kembali, lalu mereka menulis fantasi itu untuk mengisi kisah latar yang telah ada. Meski tampak lebih rumit, gagasan bahwa murid-murid Yesus mengalami penyimpangan itu sebenarnya mirip dengan halusinasi massal. Tidak mungkin para murid mengharapkan Yesus bangkit kembali. Sekalipun hati mereka hancur dan tidak dapat menerima kematian-Nya, gagasan tentang *Kebangkitan* untuk menghibur diri tidak akan terbersit dalam pikiran mereka. Mengapa tidak? Karena bagi orang-orang Yahudi abad pertama, Kebangkitan adalah konsep teologi dengan arti yang khusus: itu adalah peristiwa yang *hanya* akan terjadi pada akhir zaman ketika semua orang mati dibangkitkan; beberapa untuk dihukum oleh Allah, dan beberapa untuk dimuliakan. *Tidak ada* dari sejarah pemikiran dan agama para murid yang dapat menghasilkan gagasan bahwa manusia bisa mengalami kebangkitan dan pemuliaan *lebih awal*.

Tuduhan "harapan-pikiran" akan lebih masuk akal seandainya para murid mengklaim bahwa Yesus sekadar hidup secara rohani atau Ia tidak benar-benar mati atau Ia bisa hidup kembali setelah diobati seorang tabib. Namun, apa yang mereka klaim—bahwa Yesus telah mati dan keluar dari makam dalam keadaan hidup—adalah sesuatu yang baru dan tidak pernah terpikirkan. Gagasan semacam itu—yang menuntut Anda untuk membongkar seluruh cara pandang Anda terhadap dunia—tidak bisa tiba-tiba terbersit dalam pikiran manusia sebagai akibat dari *berharap*; itu harus berkembang secara perlahan sembari hal-hal yang Anda lihat dan alami memberikan penjelasan yang benar-benar tidak masuk akal.

Selain itu, dorongan yang naif untuk berharap bahwa Yesus hidup kembali merupakan kebalikan dari apa yang digambarkan para penulis Alkitab mengenai para murid. Matius melaporkan bahwa "beberapa orang ragu-ragu" (Mat. 28:17). Lukas berkata bahwa ketika para wanita datang dan memberi tahu para murid bahwa Yesus telah bangkit, "bagi mereka perkataan-perkataan itu seakan-akan omong kosong dan mereka tidak percaya kepada perempuan-perempuan itu" (Luk. 24:11). Bahkan ketika Yesus menampakkan diri kepada para murid, "mereka terkejut dan takut dan menyangka bahwa mereka melihat hantu" (Luk. 24:37). Lalu ada Tomas, yang sebelumnya menolak percaya kecuali ia dapat mencelupkan jarinya ke dalam bekas-bekas paku dan lambung Yesus (Yoh. 20:24-25).

Tidak satu pun dari pandangan skeptis tersebut dianggap baik di dalam Alkitab, seolah-olah para penulis Alkitab berkata, "Lihatlah orang-orang yang pikirannya kritis dan tidak mudah memercayai sesuatu ini. *Dari semua manusia*, tentu mereka tidak akan percaya bahwa Yesus hidup kecuali itu benar-benar terjadi!" Sebaliknya, Alkitab menggambarkan ketidakpercayaan para murid sebagai hal yang sangat memalukan. Yesus lebih dari sekali menegur mereka karena hal itu, dan Ia terutama berkata kepada Tomas, "Karena engkau telah melihat Aku, maka engkau percaya. Berbahagialah mereka yang tidak melihat, namun percaya" (Yoh. 20:29). Apakah Anda mengerti maksudnya? Dengan menekankan kegagalan para murid untuk percaya, Alkitab tidak hanya memperlihatkan mereka sebagai contoh orang skeptis yang tidak tahu malu dan hanya bersandar pada bukti yang kelihatan. Alkitab memberi tahu kita apa yang terjadi, sekalipun itu memalukan, dan yang terjadi bukanlah sebuah "harapan pikiran" yang berbahaya.

Satu versi terakhir dari argumen tertipu ini adalah bahwa tradisi lisan, yang terkadang menjadi tumpuan para penulis Alkitab dalam menulis kitab-kitab mereka, pastilah telah banyak berubah selama puluhan tahun. Lagipula, Yesus mati sekitar tahun 33 M, sedangkan Injil Perjanjian Baru belum ditulis sampai tahun 60 M.

Apakah kita benar-benar mengira bahwa ajaran-ajaran dan cerita-cerita tentang Yesus bisa bertahan tetap utuh, tidak berubah, tanpa penambahan atau pengurangan, setelah diberitakan dari mulut ke mulut selama kurang lebih *dua puluh tujuh tahun?* Sekali lagi, saya harus menjelaskan beberapa hal di sini. Pertama, meski semua penulis Perjanjian Baru tampaknya mengadopsi tradisi lisan sampai titik tertentu, Anda harus ingat bahwa kebanyakan dari mereka—Matius, Yohanes, Petrus, Yakobus, dan Yudas—adalah para saksi mata atas seluruh peristiwa itu. Jika tradisi lisan telah tercemar, mereka pasti mengetahuinya. Tidak hanya itu; bila Anda menggabungkan klaim Yesus bahwa ajaran-ajaran-Nya berotoritas seperti nabi-nabi dalam Perjanjian Lama, dengan kenyataan bahwa sebagian besar dari ajaran-ajaran-Nya terpelihara dalam bentuk yang mudah diingat, maka tidaklah mengejutkan bahwa semua orang Kristen akan mampu dan bersikeras untuk mengingat dan melafalkannya kata demi kata selama puluhan tahun.

Di atas semuanya itu, berkaitan dengan penyebarluasan secara lisan, Anda hanya perlu menyadari bahwa waktu dua puluh tujuh tahun itu bukan waktu yang lama agar sebuah tradisi lisan tetap bertahan. Mari kita melakukan sedikit percobaan. Cobalah melafalkan pantun kanak-kanak "Jack and Jill." Saya serius; cobalah lakukan sekarang. Anda tidak perlu melafalkannya dengan kencang, tetapi setidaknya sambil bergumam Anda membunyikan kata demi kata dari pantun tersebut. Saya menebak Anda akan mengatakan sesuatu seperti ini:

Jack and Jill
Went up the hill
To fetch a pail of water;

Jack fell down
And broke his crown,
And Jill came tumbling after.

[Terjemahan bebas:
Jack dan Jill
Naik ke bukit
Untuk mengambil seember air
Jack terjatuh
Pecahlah ubun-ubunnya
Jill pun terjatuh kemudian.]

Apakah Anda tahu kapan pantun "Jack and Jill" ditulis? Pasti tidak. Tidak ada yang tahu, dan itu masih menjadi perdebatan. Sejauh yang kita tahu, terbitan paling awal dari pantun itu terdapat di dalam sebuah buku berjudul *Mother Goose's Melody: or, Sonnets for the Cradle*, yang dicetak di London pada tahun 1791, kurang lebih dua ratus tahun yang lalu.[8] Sekarang, inilah persoalannya: Apakah Anda pernah membaca buku itu? Apakah Anda mempelajari pantun "Jack and Jill" dengan membacanya di dalam buku *Mother Goose's Melody* edisi tahun 1791? Pasti tidak; bahkan, saya yakin Anda tidak pernah membacanya di buku mana pun. Saya yakin seseorang *mengajarkannya secara lisan* kepada Anda untuk Anda ingat dan lafalkan di kemudian hari. Selain itu, saya yakin orang yang mengajarkan itu kepada Anda juga tidak membacanya di dalam buku edisi tahun 1791 itu atau di buku

---

[8]Sebuah faksimili yang memuat edisi tahun 1791 dari buku *Mother Goose's Melody* bisa ditemukan dalam buku Colonel W. F. Prideaux, ed., *Mother Goose's Melody: A Facsimile Reproduction of the Earliest Known Edition, with an Introduction and Notes* (London: A. H. Bullen, 1904), tersedia secara daring di Internet Archive, diakses 26 Mei 2015, https://archive.org/stream/mothergoosesmelo00pridiala#page/n27/mode/2up.

mana pun. Seseorang mengajarkannya kepadanya, dan orang itu pun diajarkan oleh orang lain, yang diajarkan oleh orang yang lain pula, yang diajarkan oleh orang yang lain, begitu seterusnya untuk waktu yang lama. Itu satu contoh tradisi lisan. Jadi, berapa banyak pengaruh penyebarluasan secara lisan selama dua ratus tahun telah mengubah isi pantun "Jack and Jill"? Menurut Anda, berapa banyak versi modern dari pantun tersebut berbeda dari yang diterbitkan pada tahun 1791? Perhatikan pantun berikut:

> *Jack* and *Gill*
> Went up the hill
> To fetch a pail of water;
> *Jack* fell down
> And broke his crown,
> And *Gill* came tumbling after.[9]

Begitulah isi pantun tersebut ketika pertama kali dicetak, lengkap dengan huruf miringnya, pada tahun 1791! Selain ejaan "Gil" yang sekarang menjadi "Jill", cara kita melafalkan pantun itu saat ini masih sama seperti waktu dua ratus tahun yang lalu. Jadi, saya katakan sekali lagi: meyakini sesuatu tetap utuh setelah disebarluaskan selama kurun waktu dua puluh tujuh tahun tidaklah salah.

Perhatikan, maksudnya di sini bukanlah bahwa kasus "Jack and Jill" persis sama dengan tradisi lisan Perjanjian Baru. Tidak; dan Anda mungkin dapat mengenali beberapa perbedaan di antara keduanya. Maksud saya adalah bahwa melestarikan sebuah tradisi lisan selama ratusan tahun tidaklah sesulit yang kita bayangkan, dan tidak mustahil.

---

[9]Prideaux, *Mother Goose's Melody*, 37, https://archive.org/stream/ mothergoosesmelo00pridiala#page/ 37/mode/2up.

Jadi, kita telah sampai pada kesimpulan bahwa tidak satu pun dari semua versi teori "penulis yang tertipu" dapat dipertahankan. Tuduhan bahwa para murid Yesus mengalami halusinasi massal tidaklah masuk akal. Pula, para murid tidak mengalami kelainan "harapan-pikiran" yang berbahaya. Dan terakhir, sebagai saksi-saksi mata dari peristiwa-peristiwa yang pernah terjadi, mereka bukan korban dari tradisi lisan berusia dua puluh tujuh tahun.

Benar-Benar Bingung?

Kita telah melihat bahwa para penulis Perjanjian baru tidak menulis cerita fiksi, tidak berusaha menipu, dan mereka sendiri tidak tertipu. Namun, ada satu kemungkinan terakhir, yaitu bahwa tujuan para penulis sama sekali tidak penting. Alasannya adalah karena, sekalipun mereka berusaha memberi penjelasan yang rinci atas apa yang telah terjadi, kitab-kitab mereka sangat membingungkan, saling bertentangan, dan penuh dengan kesalahan, sehingga kita akhirnya tidak bisa memercayai apapun darinya.

Mungkin hal terpenting yang dapat dikatakan untuk menanggapi tuduhan tersebut adalah itu adalah kesalahpahaman yang diyakini orang-orang yang *belum* melihat bukti yang ada. Meski Alkitab telah sering kali diserang para skeptis selama dua ratus tahun terakhir, masuk akal bila kita mengatakan bahwa setiap pertentangan, ketidakkonsistenan, dan kesalahan yang dituduhkan, sering kali dijawab dengan setidaknya satu penyelesaian. Saya menyadari bahwa itu sebuah pendapat yang berani, dan cara terbaik untuk membuktikannya adalah dengan menghabiskan ratusan halaman untuk menulis sebuah ringkasan berisi masalah-masalah yang dituduhkan lalu menganalisisnya untuk melihat apakah ada penjelasan yang masuk akal. Namun, kita tidak akan melakukan pekerjaan yang menyusahkan dan melelahkan itu di sini, karena banyak buku lain telah melakukannya. Karena itu, jika beberapa bagian Alkitab membuat Anda "tersandung," saya mendorong Anda untuk mencari salah satu dari buku-buku tersebut, mencermati masalahnya, lalu membacanya (baca bagian Lampiran). Dengan kesabaran dan ketelitian, bahkan masalah yang paling bebal akan terselesaikan.

Di sisi lain, jika Anda orang yang menuduh Alkitab seperti di atas, maka saya akan berkata terus terang: Anda memiliki tanggung jawab intelektual untuk berhenti membuat tuduhan itu atau Anda harus membaca buku-buku para sarjana Alkitab yang memberi penjelasan-penjelasan yang masuk akal dan mungkin terhadap ketidakkonsistenan dan kesalahan yang Anda tuduhkan. Saya sadar, semua buku mereka mungkin tidak meyakinkan Anda secara penuh. Anda bisa saja masih menggaruk-garuk kepala atau mengeluhkan beberapa paragraf, dan itu tidak apa-apa. Namun, saya bisa menjamin bahwa jika Anda mau melakukan penyelidikan yang diperlukan, Anda akan hidup dengan jawaban-jawaban yang meyakinkan. Namun, apa yang *tidak bisa* Anda lakukan—setidaknya dengan integritas intelektual—adalah terus bersikeras bahwa Alkitab saling bertentangan dan penuh dengan kesalahan tetapi tidak melakukan penyelidikan yang diperlukan untuk menguji pandangan Anda. Jadi, selidikilah. Anda mungkin terkejut dengan apa yang Anda temukan.

Kenyataannya, ada banyak sekali ketidakkonsistenan yang dituduhkan oleh para skeptis akhirnya *tidak* terbukti bila Anda membaca Alkitab dengan lebih teliti. Terlepas dari dua abad yang menjengkelkan itu, para sarjana Alkitab telah memberi penjelasan yang masuk akal terhadap *setiap* tuduhan tersebut. Anda hanya perlu integritas intelektual untuk meluangkan waktu dan menyelidikinya.

Namun, katakanlah Anda tidak diyakinkan oleh semua penjelasan mereka, bahkan setelah Anda melakukan penyelidikan. Anda masih tetap bertanya, "Apakah ketidakcocokan-ketidakcocokan yang tampak pada catatan-catatan Injil cukup untuk membuktikan bahwa sebenarnya *tidak terjadi apa-apa* atau kita *tidak bisa tahu apa pun* yang pernah terjadi?" Maksud saya, seberapa masuk akal bila seorang berkata, "Waw, Matius berkata ada dua wanita yang pergi ke makam Yesus, sementara Lukas berkata ada *lebih dari tiga* wanita. Jelaslah kita tidak tahu apa pun mengenai apa yang sesungguhnya terjadi pada hari Minggu pagi Kebangkitan itu." Tentu Anda tidak dapat berkata seperti itu. Beberapa ketidakcocokan pada catatan-catatan saksi mata bisa saja mengungkapkan banyak hal, tetapi itu tidak berarti tidak terjadi apa pun, atau kita tidak tahu apa pun mengenai apa yang terjadi.

Sementara kita membahas hal itu, pertanyaan ini—berapa banyak wanita yang pergi ke makam Yesus pada Minggu pagi itu—merupakan contoh yang pas untuk menunjukkan betapa mudahnya kita dapat menyelaraskan ketidakcocokan yang muncul. Matius tidak mengklaim hanya ada dua wanita; ia sekadar menyebut nama dua orang wanita (Mat. 28:1). Dan, Lukas tidak mengatakan apa pun tentang berapa banyak wanita yang pergi ke makam itu tetapi hanya berkata bahwa tiga wanita yang namanya ia sebutkan, serta beberapa "perempuan lain", memberi tahu murid-murid Yesus mengenai apa yang terjadi di makam itu (Luk. 24:10). Jadi, apa yang terjadi di sini? Apakah Injil Matius dan Lukas saling bertentangan? Tidak; jika Anda mau berpikir sedikit, maka ada beberapa penjelasan yang mungkin. Mungkin Lukas hanya ingin memberi gambaran yang menyeluruh tentang jumlah wanita yang pergi ke makam itu, sementara Matius hanya menyebut dua wanita tertentu dari kelompok yang lebih besar. Atau, mungkin juga bahwa memang hanya ada dua wanita yang pergi ke makam itu, tetapi ketika mereka kembali, mereka memberi tahu para wanita yang lain, lalu mereka semua melaporkan peristiwa itu kepada para murid. Yang mana pun, Anda mengerti maksudnya: kita bisa memikirkan banyak penjelasan yang mungkin terhadap ketidakkonsistenan yang ada, tetapi jangan terlalu cepat berseru, "Itu bertentangan!"

Bahkan, lebih dari itu, menurut pemahaman sejarah, fakta bahwa narasi-narasi Injil menunjukkan ketidakcocokan sebenarnya menunjukkan bahwa itu dapat dipercaya. Seorang sarjana berkata sebagai berikut:

> Cerita-cerita itu memperlihatkan . . . bahwa ketegangan di permukaan yang kita kaitkan, bukan dengan dongeng-dongeng yang dikarang oleh orang-orang yang ingin menyebarkan cerita fiksi dan karenanya ingin membuat segalanya tampak nyata, tetapi dengan catatan sepotong demi sepotong yang ditulis terburu-buru dari orang-orang yang menyaksikan dengan mata mereka sendiri sesuatu yang mengejutkan mereka dan yang belum mereka mengerti sepenuhnya.[10]

Pada akhirnya, sangat masuk akal bila kita menyimpulkan bahwa dokumen-dokumen Alkitab tidak sedikit pun bertentangan, membingungkan, atau penuh dengan kesalahan seperti yang diduga oleh orang-orang yang belum banyak membaca. Dan sekalipun ada rincian-rincian tertentu yang tidak saling sesuai,

---

[10]N. T. Wright, *The Resurrection of the Son of God*, jilid 3 dari *Christian Origins and the Question of God* (Minneapolis: Fortress, 2003), 612.

bukti tersebut tidak lantas menyebabkan kita mengangkat tangan lalu berkata bahwa tidak ada yang pernah terjadi. Kenyataannya, itu memberi catatan tentang kehidupan Yesus persis seperti yang kita harapkan jika beberapa saksi mata dari sebuah peristiwa duduk dan mengutarakan apa yang mereka yakini terjadi.

Sebuah Momen yang Penting

Baiklah, ini momen yang penting. Jadi, ambil napas dan kumpulkan semangat Anda! Pada titik ini kita bisa menarik sebuah kesimpulan yang teramat penting. Kita bisa berkata dengan penuh keyakinan bahwa . . .

Alkitab dapat dipercaya sesuai dengan sejarah.

Apakah Anda masih ingat bagaimana kita bisa sampai di sini? Setelah kita menyelidiki sampai waktu ketika peristiwa-peristiwa itu terjadi, kita dapat memastikan bahwa:

1. terjemahan-terjemahan atas naskah-naskah Alkitab yang kita miliki saat ini sangat akurat;

2. naskah-naskah Alkitab kita saat ini secara akurat mencerminkan apa yang dikatakan oleh naskah-naskah yang asli;

3. kenyataannya, kita sedang membaca dokumen-dokumen yang benar dan terbaik untuk memperoleh informasi mengenai Yesus; dan

4. para penulis dokumen-dokumen Alkitab itu tidak menulis cerita fiksi, tidak berusaha menipu, dan mereka sendiri tidak tertipu, tetapi mereka menulis kepada kita apa yang mereka yakini terjadi.

Jika keempat pernyataan tersebut benar-benar merupakan kesimpulan yang masuk akal, maka kita bisa percya bahwa Alkitab memberi tahu kita apa yang sebenarnya diyakini para penulis Alkitab benar-benar terjadi.

Tentu saja, itu akan menyisakan satu pertanyaan terakhir: Bisakah kita meyakini bahwa apa yang dipercaya terjadi oleh para penulis Alkitab itu . . . benar-benar terjadi?

6

Jadi, Apakah itu
Benar-Benar Terjadi?

Saya tidak perlu berusaha meyakinkan Anda bahwa terkadang manusia bisa sangat yakin akan sesuatu tetapi sekaligus sangat salah. Sering kali di dalam hidup saya, saya sangat yakin akan apa yang saya lihat, tetapi di kemudian hari menemukan bahwa apa yang saya *pikir* saya lihat bukan yang benar-benar terjadi.

Inilah persoalan terakhir yang perlu kita hadapi ketika kita membahas persoalan apakah Alkitab dapat dipercaya. Apakah mungkin bila para penulis Alkitab *bermaksud* untuk memberi tahu kita apa yang sesungguhnya terjadi—bila mereka sendiri percaya bahwa hal-hal yang mereka catat benar-benar terjadi—tetapi mereka keliru ketika menuliskannya? Bukan berarti mereka tertipu atau berusaha menyebarkan kebohongan atau menulis cerita fiksi tetapi mereka sekadar melakukan kesalahan? Dengan kata lain, bisakah kita mengetahui secara pasti bahwa para penulis Alkitab *benar* dalam apa yang mereka tulis—artinya, bahwa apa yang mereka *pikir* terjadi dan yang mereka *katakan* terjadi, *memang* terjadi?[1]

Tidak mungkin kita bisa tahu *secara pasti* jika yang Anda minta adalah sebuah *kepastian matematis*. Kita *tidak akan*

---

[1]Untuk bab ini, saya secara khusus bersandar pada buku Craig L. Blomberg, *Can We Still Believe the Bible? An Evangelical Engagement with Contemporary Questions* (Grand Rapids, MI: Brazos, 2014); N. T. Wright, *The Resurrection of the Son of God*, jilid 3 dari *Christian Origins and the Question of God* (Minneapolis: Fortress, 2003).

pernah dapat mencapai kepastian matematis menyangkut peristiwa-peristiwa sejarah. Di antara saya dan Anda dan setiap peristiwa dalam sejarah yang tidak Anda alami langsung terdapat sebuah jurang yang tidak dapat ditimbun sepenuhnya oleh logika, penalaran, rumusan, atau kumpulan bukti. Selalu mungkin— *hampir-hampir* mustahil, tetapi masih mungkin—bahwa kita salah mengenai *segala sesuatu*. Seorang pernah menyebut jurang kepastian itu sebagai "parit yang lebar dan busuk."[2] Dan, beberapa orang, sambil menatap parit itu, mengangkat tangan dan berkata bahwa kita seharusnya tidak pernah memercayai klaim sejarah. Namun, pandangan ekstrem itu akan melemparkan kita ke dalam pandangan Nihilisme yang historis dan gelap, dan tentu tidak ada yang mau hidup seperti itu—atau bahkan *mampu* melakukannya secara konsisten. Tidak; kita semua tahu bahwa sekalipun kita tidak bisa mencapai kepastian matematis menyangkut peristiwa-peristiwa dalam sejarah, kita bisa tiba pada *keyakinan historis* menyangkut hal-hal itu—cukup yakin untuk berkata, "Ya, saya yakin itulah yang terjadi", bahkan menghidupi hal itu, bersandar padanya, dan bertindak menurut peristiwa-peristiwa itu.

Maka, sejarah tidak dapat disamakan dengan kepastian matematis; itu bahkan tidak mencari sebuah kepastian. Sebaliknya, itu mencari kemungkinan, yang akhirnya diterjemahkan menjadi keyakinan bahwa sesuatu benar-benar terjadi. Jadi, untuk peristiwa tertentu, sejarah pertama-tama bertanya apakah sumber yang melaporkannya dapat dipercaya, dengan menggunakan pertanyaan-pertanyaan yang kita ajukan terhadap Alkitab. Kemudian, setelah dipastikan bahwa sumbernya dapat dipercaya, sejarah bertanya, "Apakah masuk akal bila kita berpikir bahwa apa

---

[2]Gotthold Ephraim Lessing, "On the Proof of the Spirit and of Power," dalam *Philosophical and Theological Writings*, ed. H. B. Nisbet, Cambridge Texts in the History of Philosophy (Cambridge: Cambridge University Press, 2005), 87.

yang dilaporkan oleh sumber yang dapat dipercaya ini benar-benar terjadi sebagai peristiwa di dalam sejarah?" Biasanya, pertanyaan itu bisa cepat dijawab dengan "Ya, tentu saja itu masuk akal." Jika sebuah sumber yang dapat dipercaya berkata bahwa pasukan anu menyeberangi sungai anu, jika tidak ada yang tidak masuk akal dari penyeberangan itu, dan jika tidak ada bukti lain yang menyebabkan kita mengira bahwa mungkin pasukan itu *tidak* menyeberangi sungai, maka kita biasanya berkata, "Ya, pasukan anu *memang* menyeberangi sungai itu." Itu bukan sebuah kepastian matematis, melainkan keyakinan historis yang kuat.

Masalah dengan Mukjizat

Namun, inilah masalahnya ketika berkaitan dengan Alkitab. Memang itu memiliki cerita tentang sebuah pasukan yang menyeberangi sungai—tetapi itu terjadi hanya setelah Allah membelah sungai tersebut supaya bangsa Israel bisa berjalan di tanah kering! Itu juga memberi tahu tentang Seorang yang dalam sekejap mata mengubah air menjadi anggur dan berjalan di atas permukaan danau dan menyembuhkan orang-orang dengan kata-kata dan bahkan membangkitkan orang mati tiga hari setelah ia dibunuh. Jadi, apa yang dapat disimpulkan dari semua itu? Mari kita jujur. Ketika sebuah sumber sejarah—bahkan sumber yang telah dipastikan *dapat dipercaya*—mulai melaporkan hal-hal seperti itu, kita tidak menyambut laporan-laporan itu dengan menguap dan berkata "ya, ya" sehingga kita dapat memberi laporan bahwa sebuah pasukan menyeberangi sebuah sungai. Kita akan menyambutnya dengan, "Yang benar saja. Anda pasti bercanda!"

Mengapa kita menanggapinya seperti itu? Mungkin beberapa hal memengaruhi sifat skeptis kita terhadap cerita-cerita mukjizat, tetapi satu hal yang paling menonjol adalah juga, menurut saya, yang terpenting. Orang-orang yang skeptis terhadap mukjizat adalah orang-orang yang *belum pernah mengalaminya*. Tidak ada yang mengejutkan mengenai itu; kita sulit untuk memercayai hal-hal yang sepenuhnya berada di luar pengalaman kita.

Ini satu contoh yang sering dipakai: Bayangkan seseorang yang seumur hidupnya—pada zaman ketika belum ada listrik atau teknologi modern—tinggal di sebuah pulau tropis dekat khatulistiwa. Pada suatu hari, sebuah kapal tampak di kejauhan, dan para pelautnya mengatakan bahwa mereka berasal dari sebuah negeri yang jauh di sebelah Utara. Mereka mulai menceritakan materi yang mereka sebut es, yaitu air yang berubah menjadi batu ketika itu menjadi sangat dingin. Sekarang, teman kita di pulau khatulistiwa itu sama sekali belum pernah melihat es, atau pun kondisi dingin yang dibutuhkan untuk menciptakannya. Jadi, ia sangat kesulitan untuk memercayai bahwa "air yang berubah menjadi batu yang sangat dingin" itu benar-benar ada. Ia bahkan mengklaim itu mustahil, dan semua pelautnya pembohong. Es berada di luar pengalamannya, dan ia tidak memercayainya.

Namun, es tetap ada.

Berkaitan dengan mukjizat, saya pikir banyak dari kita seperti penduduk pulau tropis itu. Kita belum pernah menyaksikan seseorang berjalan di atas air atau mengubah air menjadi anggur atau bangkit dari kematian, sehingga kita berasumsi bahwa hal-hal itu *tidak mungkin* terjadi. Namun, hanya karena kita belum pernah mengalaminya, bukan berarti itu tidak ada. Itu konyol seperti manusia pulau tropis yang menolak kenyataan es karena ia belum pernah melihatnya. Bahkan, bagi seorang yang *pernah* mengalami mukjizat—dan jutaan orang di dunia yang mengaku hal yang sama—pertanyaan tentang apakah mukjizat itu masuk akal (apalagi mungkin) sepertinya konyol. "Tentu itu masuk akal," kata orang-orang itu; "Saya pernah *melihatnya.*" Anda bisa saja seperti penghuni pulau tropis itu dan bersikeras bahwa semua orang adalah pembohong tetapi mereka hanya akan menggelengkan kepala, tersenyum, dan berkata, "Suatu hari nanti, Kawan, saya berharap Anda akan mengalami nikmatnya es krim."

Anda lihat? Semua itu untuk mengatakan bahwa Anda tidak bisa sekadar menyatakan bahwa mukjizat—dan karenanya Alkitab—tidak masuk akal hanya karena Anda tidak mengalaminya. Orang lain memiliki pengalaman yang berbeda dari Anda, sehingga mengatakan bahwa setiap pengalaman yang bertentangan dengan pengalaman Anda adalah salah merupakan puncak kesombongan. Karena itu, jika Anda hendak mengatakan bahwa mukjizat tidak masuk akal, Anda memerlukan alasan untuk melakukannya.

Argumen-Argumen menentang Mukjizat— Keberatan Ilmiah

Selama bertahun-tahun, orang-orang mengatakan bahwa dua argumen utama untuk mengakui mukjizat—termasuk argumen-argumen yang dilaporkan para penulis Alkitab—sama sekali tidak masuk akal atau mustahil. Marilah kita memikirkan argumen-argumen itu sejenak.

Pertama, beberapa orang mengajukan sebuah keberatan ilmiah terhadap mukjizat. Keberatan itu pada dasarnya berkata bahwa kemajuan-kemajuan dalam ilmu pengetahuan, khususnya selama dua abad belakangan, telah membuktikan bahwa mukjizat itu mustahil. Dikatakan bahwa orang-orang zaman dulu meyakini mukjizat karena mereka tidak memahami cara dunia bekerja, dan karenanya cenderung memercayai hal-hal gaib. Mereka menghadapi banyak "jurang" dalam memahami ilmu Biologi, Astronomi, Kimia, dan Ekologi, dan mereka menyeberangi jurang-jurang itu dengan mukjizat. Namun, karena ilmu pengetahuan telah menimbun banyak jurang yang dulunya diseberangi oleh mukjizat, kita bisa dengan aman menyimpulkan bahwa mukjizat itu sekarang tidak lagi dibutuhkan, dan karenanya, itu tidak benar-benar terjadi.

Namun, apakah sesederhana itu? Maksud saya, bahkan premis yang pertama—bahwa orang-orang memercayai mukjizat itu ada karena mereka tidak memahami cara alam bekerja seperti kita sekarang—tidak berlaku pada kebanyakan mukjizat di dalam Alkitab. Lagi pula, bahkan masyarakat yang paling kuno sekalipun tahu persis bahwa dibutuhkan dua orang untuk membuat bayi, bahwa jika Anda mencoba berjalan di atas air, Anda akan tenggelam, dan bahwa manusia tidak bisa hidup lagi setelah mati! Namun, para penulis Alkitab berkata, "Semua itu terjadi. Kami melihatnya terjadi." Selain itu, demi semua pengetahuan yang ditemukan di zaman modern, kita masih belum dapat menjelaskan hal-hal yang mereka saksikan lebih baik daripada mereka. Kita tidak dapat berkata kepada para penulis Alkitab, "Hei, kalian orang-orang bodoh, tidakkah kalian menyadari bahwa berjalan di atas air itu bukan mukjizat? Seandainya kalian tahu, seperti kami sekarang, tentang hukum Fisika Kuantum dan Teori Relativitas, kalian akan mengerti bahwa berjalan di atas air adalah sebuah fenomena yang alami dan sama sekali tidak mengherankan. Begitu pula dengan bayi yang lahir dari seorang perawan, badai yang diredakan, atau orang sakit yang sembuh karena sepatah kata, atau beberapa orang yang bangkit dari kematian. Ilmu pengetahuan dapat menjelaskan hal-hal itu juga." Tidak; kenyataannya, ilmu pengetahuan modern belum dapat membuat hal-hal itu tidak lagi mengherankan.

Apakah Anda mengerti maksudnya? Masalah pada klaim bahwa ilmu pengetahuan telah mengalami kemajuan sedemikian hingga kita sekarang dapat menjelaskan mukjizat secara alami— termasuk mukjiat-mukjizat di dalam Alkitab—adalah bahwa ilmu pengetahuan *belum* dapat menjelaskan mukjizat-mukjizat yang tercatat di dalam Alkitab, dan *tidak akan dapat.* Jadi, mengapa kita harus memercayai klaim yang *lebih besar* bahwa ilmu pengetahuan telah membuktikan bahwa hal-hal demikian tidak bisa terjadi sama sekali?

Jawabannya adalah kita seharusnya tidak memercayainya. Dengan kata lain, keberatan tersebut mengalahkan argumennya sendiri. Bukan hanya ilmu pengetahuan telah membuktikan bahwa yang supranatural itu tidak terjadi dan tidak dapat terjadi. Ada banyak hal terjadi di alam semesta—dan di dalam pengalaman manusia—yang tidak dapat dijelaskan oleh ilmu pengetahuan. Jangan salah memahami saya. Saya tidak berkata bahwa apa pun yang tidak dapat dijelaskan oleh ilmu pengetahuan pastilah bersifat supranatural. Tidak; di masa depan, ilmu pengetahuan akan maju dan menjawab banyak pertanyaan yang belum terjawab saat ini. Namun, tidak ada ilmuwan yang sepakat dengan janji dan keterbatasan ilmu pengetahuan—sembari mengingat kemajuan dalam bidang Fisika Kuantum, Astronomi, dan Biologi—akan dapat berkata seperti ini: "Alam semesta adalah dan semakin dapat dijelaskan." Justru, ilmuwan itu akan berkata, "Anda tahu, semakin kami menemukan sesuatu, semakin kami menyadari betapa banyak yang kami tidak mengerti, dan betapa banyak yang akhirnya berada di luar pemahaman."

Selain itu, seluruh pertanyaan mengenai apakah mukjizat itu mungkin akan bermuara kepada pertanyaan, "Apakah Allah itu ada?" Jika Ia memang ada, maka mukjizat itu mungkin, titik. Namun, semua orang percaya bahwa ilmu pengetahuan tidak memiliki kemampuan untuk menguji apakah Allah itu ada. Itu tidak akan pernah dapat *membuktikan* bahwa Allah itu tidak ada, dan karenanya, itu tidak pernah dapat membuktikan bahwa mukjizat itu mustahil. Dengan pertimbangan itu, pernyataan yang menakutkan dan kurang ajar yang sering saya dengar dari pra mahasiswa baru jurusan ilmu pengetahuan bahwa "Ilmu pengetahuan telah membuktikan bahwa hal-hal yang supranatural sama sekali tidak mungkin terjadi" mulai terdengar ceroboh.

Argumen-Argumen menentang Mukjizat— Keberatan Filosofis

Keberatan kedua yang diajukan terhadap keabsahan mukjizat bersifat *filosofis*. Dikatakan bahwa sekalipun ilmu pengetahuan tidak dapat membuktikan *kemustahilan* mukjizat (perhatikan, ini sesuatu yang telah dilonggarkan), kita seharusnya tetap berkata bahwa *kemungkinan* sebuah mukjizat benar-benar terjadi sangat kecil sekali, dan karenanya, kita seharusnya tidak memercayainya. Sebagai contoh, kita seharusnya tidak memercayai bahwa Yesus pernah berjalan di atas air karena jika X mewakili semua orang yang mencoba berjalan di atas air dan tenggelam (amannya, katakan saja jumlahnya sepuluh miliar sesuai perkiraan kasar jumlah semua manusia yang pernah hidup di bumi ini), maka kemungkinan Yesus pernah berjalan di atas air adalah satu di antara sepuluh miliar—kecil sekali.

Namun, keberatan tersebut terlalu berlebihan. Anda tidak bisa menetapkan kemungkinan atas segala sesuatu seperti itu untuk memutuskan apakah Anda akan percaya atau tidak. Jika Anda melakukannya, Anda harus meragukan segala sesuatu yang tidak biasa atau ganjil. Sebagai contoh, ada sekitar tujuh miliar orang di bumi pada saat ini, tetapi yang kita tahu, hanya *satu* orang yang dapat berlari sejauh 100 meter dalam waktu 9,58 detik. Meski begitu, akan aneh dan arogan bila saya berkata, "Apakah Anda menyadari bahwa kemungkinan Usain Bolt menuntaskan lari 100 meter dalam waktu 9,58 detik adalah satu banding tujuh miliar? Bodohlah saya bila percaya bahwa Usain dapat melakukannya." Dengan cara yang sama, hanya karena aneh membayangkan Yesus berjalan di atas air, bukan berarti itu tidak pernah terjadi. Lagipula, para murid sendiri sangat terkejut; itulah alasan mereka menuliskan cerita itu.

Secara alami, orang-orang skeptis merumuskan banyak variasi yang berbeda dari kedua argumen tersebut, tetapi tidak satu pun dapat menyingkirkan mukjizat atau hal supranatural dari realitas hidup manusia. Ilmu pengetahuan belum dapat memberi penjelasan akan hal-hal yang disaksikan oleh para penulis Alkitab, sehingga itu belum pernah membuktikan bahwa hal-hal itu mustahil. Selain itu, tidak masuk akal bila kita memutuskan apa yang masuk akal berdasarkan kemungkinan. Kenyataannya, jika Anda mengatakan bahwa yang supranatural tidak terjadi (sama sekali), Anda hanya berpendapat, tanpa bukti, tanpa alasan yang kuat. Dengan kata lain, Anda harus memercayainya dengan iman yang buta.

Apakah Mukjizat-Mukjizat di dalam Alkitab Itu Masuk Akal?

Jadi, para penulis berkata bahwa mereka menyaksikan hal-hal yang luar biasa terjadi, dan kita tidak memiliki alasan yang logis untuk berkata bahwa hal-hal itu sama sekali mustahil atau tidak masuk akal. Namun, masih ada satu pertanyaan lain yang muncul di sini. Banyak orang membagikan cerita-cerita tentang "mukjizat." Penduduk Babel melakukannya, masyarakat Yunani kuno melakukannya, begitu pula orang-orang Romawi. Tidak seorang pun berkata bahwa kita harus memercayai cerita-cerita mukjizat mereka. Jadi, mengapa cerita-cerita Alkitab berbeda? Apa yang menjadikan cerita-ceritanya lebih masuk akal daripada cerita-cerita dalam peradaban kuno itu? Jawabannya adalah bahwa karakter para penulis Alkitab sama sekali berbeda dari karakter pada penulis di zaman kuno itu *sehingga menjadikan mereka lebih masuk akal.*

Mari saya jelaskan maksud saya. Pada cerita-cerita mukjizat di zaman kuno itu, kita tidak berurusan dengan laporan-laporan saksi mata atas peristiwa-peristiwa sejarah; mereka juga tidak mengklaim seperti itu. Sebaliknya, kita sedang berurusan, entah dengan (1) legenda atau mitos yang muncul dan semakin berkembang—seperti BARNACLES yang tumbuh pada sebuah kapal—selama berabad-abad, atau (2) cerita-cerita luar biasa yang awalnya bersifat historis tetapi setelah itu dicemari dengan hal-hal ajaib sehingga, meski terdengar semakin luar biasa, merupakan karangan manusia. Karena itu, saya berkata bahwa peristiwa-peristiwa supranatural di dalam cerita-cerita tersebut tampaknya *penting* di dalam cerita itu sendiri; cerita itu akan masuk akal tanpa hal-hal ajaibnya, yang menunjukkan bahwa bagian-bagian itu ditambahkan di kemudian hari untuk menimbulkan efek takjub. Intinya, pada kedua kasus itu para sejarawan dapat melihat cerita-cerita kuno tersebut dan menyimpulkan dengan yakin bahwa bagian-bagian "mukjizatnya" tidak ada di dalam sejarah. Itu hanyalah mitos dan legenda yang berkembang seiring waktu, atua ditambahkan untuk menimbulkan efek tersebut. Namun, cerita-cerita itu bukan laporan saksi mata atau peristiwa-peristiwa yang membuat seluruh cerita tersebut tidak masuk akal.

Sebaliknya, itulah sifat dari laporan-laporan mukjizat yang ada di dalam Alkitab. Itu tidak pernah merupakan mitos atau legenda. Laporan-laporan itu tidak berkembang seiring waktu. Itu adalah hasil dari beberapa orang yang berkata, "Saya menyaksikan ini, dan saya menyaksikannya belum begitu lama." Mukjizat-mukjizat Yesus, misalnya, bukan hanya hal-hal luar biasa yang terjadi. Bila Anda mempelajarinya, Anda akan menyadari bahwa sampai pada intinya, hal-hal itu terkait dengan berita yang dinyatakan oleh Yesus. Itulah sebabnya Yesus menyembuhkan orang-orang dan tidak sekadar melakukan pertunjukan sulap. Ia sedang menunjukkan bahwa Ia bisa menyembuhkan orang-orang dari penyakit dosa. Itulah sebabnya Ia membangkitkan orang-orang dari kematian ketimbang membuat sebuah koin menghilang dari tangan-Nya. Ia sedang menunjukkan bagaimana pekerjaan-Nya dapat menghasilkan kehidupan rohani dari kematian rohani. Bahkan peristiwa Ia berjalan di atas air bukan sekadar sebuah tipuan pesulap jalanan. Murid-murid-Nya menyadari bahwa itu menegaskan klaim-Nya sebagai "Aku," yaitu Dia yang menundukkan samudera—ranah kekacauan dan kejahatan—Dia yang, sebagaimana dikatakan pemazmur, "lebih perkasa dari debur omak" (Mzm. 93:4, IMB). Cerita-cerita mukjizat dari agama dan budaya-budaya lain tidak seperti itu.

Apakah Anda memahami maksudnya? Mukjizat-mukjizat Alkitab sama sekali tidak dangkal atau sekadar pelengkap cerita; sebaliknya, itu penting dan terjalin ke dalam cerita seperti DNA kepada artinya. Selain itu, alih-alih sebagai legenda atau mitos yang berkembang seiring waktu, cerita-cerita mukjizat itu adalah laporan-laporan saksi mata dari apa yang dikatakan orang-orang mereka-laporan mukjizat Alkitab berbeda dari mitos Yunani kuno atau Babel, dan itu menuntut pemahaman yang sangat berbeda.

Semua itu memberi kita kesimpulan yang penting mengenai mukjizat-mukjizat yang tercatat di dalam Alkitab: cerita-cerita mukjizat itu tidak bisa disingkirkan dan dicap mustahil, dan cerita-cerita itu jauh lebih masuk akal daripada cerita-cerita "mukjizat" yang ada di sana. Namun, saya ingin menggali lebih dalam. Bisakah kita mencapai tingkat keyakinan yang akan memungkinkan kita berkata bukan hanya masuk akal bahwa apa yang dikatakan oleh para penulis Alkitab benar-benar terjadi, tetapi apa yang mereka lakukan sebenarnya *mungkin* menurut sejarah?

Saya pikir bisa.

Segalanya Bertumpu pada Kebangkitan

Pada titik ini kita memiliki beberapa pilihan mengenai bagaimana kita akan melanjutkan. Kita bisa memulai sebuah penyelidikan menyeluruh terhadap lusinan mukjizat yang dilakukan Yesus selama pelayanan-Nya dan melihat apa yang bisa kita katakan mengenai setiap darinya. Bahkan, banyak buku telah melakukannya, dan kesimpulan mereka sering kali membuka wawasan dan meyakinkan (baca Lampiran). Atau, kita bisa langsung berfokus pada satu mukjizat yang mendasari dan bahkan meluncurkan seluruh iman kekristenan, yaitu mukjizat yang di atasnya seluruh bangunan sejarah, kepercayaan, dan praktik kekristenan bertumpu—bahkan, mukjizat yang di atasnya kepercayaan bahwa Alkitab adalah firman Allah bertumpu.

Itulah mukjizat kebangkitan Yesus.

Inilah yang tidak bisa Anda hindari: Jika peristiwa Kebangkitan benar terjadi, maka seluruh bangunan kekristenan menjadi terpadu dan berfungsi sebagaimana mestinya—termasuk otoritas Alkitab, baik Perjanjian Lama dan Baru. Namun, jika itu *tidak pernah* terjadi, maka lupakan saja semua bangunan itu, karena jika para penulis Alkitab yang dapat dipercaya ternyata salah mengenai Kebangkitan—hal yang terpenting—maka tidak mungkin mereka benar dalam apa pun juga. Selain itu, tidak peduli apakah mereka benar mengenai selebihnya dari Alkitab atau tidak karena *semua* hal—mukjizat, pengajaran, klaim—bertujuan untuk membuktikan identitas Yesus sebagai Kristus, dan jika Ia tetap mati, maka Ia bukan Kristus, dan selebihnya tidak penting, titik. Seluruh agama Kristen bangkit atau jatuh menurut pertanyaan apakah Yesus, menurut *sejarah* (bukan menurut agama atau kerohanian)—bangkit dari kematian.

Para penulis Alkitab meyakini demikian. Mereka tidak mengkhayal, mereka tidak berusaha menyebarkan kebohongan, dan mereka tidak sedang menulis sebuah cerita legenda. Mereka memberi tahu apa yang mereka saksikan, dengar, raba, dan alami, dan mereka sungguh menginginkan pembaca mereka juga memercayainya. Namun, bisakah kita yakin bahwa mereka benar dalam hal itu?

Ya, kita bisa. Namun, bagaimana?

Mengapa Mereka Percaya Yesus Bangkit?

Marilah kita memulai dengan mengajukan pertanyaan yang paling jelas. Dalam kata-kata mereka sendiri, apa yang membuat para penulis Alkitab—dan orang-orang Kristen mula-mula—percaya bahwa Yesus bangkit? Menurut kesaksian mereka, kepercayaan itu berasal dari dua hal: (1) temuan mereka pada hari Minggu pagi bahwa makam di mana tubuh Yesus diletakkan setelah Ia mati, sudah kosong, dan (2) pengalaman mereka akan beberapa kali penampakan Yesus kepada mereka setelah kematian-Nya dalam bentuk fisik.

Penting bagi kita untuk menyadari beberapa hal menyangkut pengalaman-pengalaman ini. Satu alasannya bahwa para penulis tegas sekali menyangkal bila apa yang mereka saksikan ketika Yesus menampakkan diri kepada mereka adalah sesuatu yang tidak kasat mata (artinya, tanpa tubuh), seperti hantu atau roh. Jadi, Lukas sangat teliti ketika mengungkapkan bahwa ketika Yesus pertama kali menampakkan diri-Nya kepada para murid, mereka mengira Ia hantu, sebelum akhirnya Yesus mengundang mereka untuk menyentuh Dia—"roh tidak mempunyai daging dan tulang, seperti yang kamu lihat ada pada-Ku", kata-Nya—lalu Ia makan sepotong ikan hanya untuk membuktikan perkataan itu (Luk. 24:39, 42-43, IMB). (Menarik bahwa laporan tersebut menyebutkan bahwa ikan itu BROILED, bukan? Apakah kenyataan bahwa ikan itu BROILED, bukan dibakar atau dipanggang, berarti sesuatu? Tidak ada. Itu hanya salah satu rincian yang tidak akan disertakan oleh sebuah cerita legenda dan karenanya menunjukkan bahwa ini adalah kesaksian nyata dari seseorang yang ada di sana.)

Tidak hanya itu, tetapi para murid juga bersusah payah untuk menjelaskan bahwa Pribadi yang menampakkan diri kepada mereka itu adalah *Yesus yang sama yang mati di kayu salib*, dan bukan orang lain. "Taruhlah jarimu di sini dan lihatlah tangan-Ku, ulurkanlah tanganmu dan cucukkan ke dalam lambung-Ku" kata Yesus kepada Tomas (Yoh. 20:27). Ia bukan hantu; Ia bukan orang lain. Para rasul bersikeras bahwa Yesus yang mereka saksikan adalah Yesus yang sama yang telah disalibkan.

Pula, penting untuk diketahui bahwa makam yang kosong atau penampakan-penampakan itu saja tidak dapat menghasilkan keyakinan menyangkut kebangkitan yang dilaporkan oleh para rasul. Jika bukti yang mereka punya hanya makam yang kosong, orang-orang memang akan menggaruk-garuk kepala tetapi mereka ragu untuk menyimpulkan bahwa Yesus benar-benar hidup kembali. Terlalu banyak cerita alternatif yang dapat menjelaskannya: pencuri makam, usaha lanjutan pemerintah Romawi untuk mempermalukan-Nya, kesalahan menemukan lokasi makam itu, atau apa pun! Sekadar menyaksikan Yesus pun tidak akan cukup. Sekali lagi, ada begitu banyak penjelasan lain: hantu, APPARITION, seorang peniru, apa pun! Selama mayat yang membusuk dapat ditemukan pada makam itu, tentu tidak ada orang yang menyebutnya sebagai peristiwa kebangkitan.

Namun, cobalah menggabungkan dua kenyataan itu—makam yang kosong dan penampakan-penampakan Yesus—maka itu sudah cukup untuk menciptakan ledakan bom atom di dalam kehidupan para murid. Makam itu kosong karena Yesus hidup kembali. "Ia tidak ada di sini", kata malaikat, "sebab Ia telah bangkit" (Mat. 28:6). Itulah kesaksian mereka. Itulah alasan mereka percaya, dan itulah alasan mereka berani mati demi kepercayaan bahwa Yesus benar-benar telah keluar dari makam. Anda dapat berkata bahwa Anda tidak memercayai semua itu; Anda dapat berkata bahwa apa pun yang terjadi pada hari Minggu pagi itu, itu bukan sebuah kebangkitan. Namun, jika Anda akan berkata seperti itu, maka Anda harus mengajukan alternatif. Jika bukan kebangkitan, lantas apa yang terjadi?

Tidak Ada yang Lain yang Dapat Menjelaskannya

Perhatikan, satu hal yang tidak dapat Anda lakukan (dengan kejujuran intelektual) adalah berpura-pura *tidak ada* yang terjadi. Jelas sesuatu telah *terjadi*, karena itu menciptakan gelombang kejut di seluruh dunia dan di sepanjang sejarah dua ribu tahun terakhir. Bahkan pada kehidupan para murid, apa pun yang terjadi itu telah membuat mereka harus merombak seluruh bangunan pandangan dunia mereka. Mereka mulai percaya bahwa Yesus yang disalibkan itu adalah Mesias yang telah lama dinantikan oleh orang-orang Yahudi, bahwa Ia adalah Anak Allah, yang membenarkan, Anak Domba Allah yang mengangkut dosa-dosa, buah sulung dari ciptaan baru yang akan dimulai pada umat tebusan-Nya, Raja dari segala raja yang suatu hari nanti akan menyelamatkan umat-Nya, dan selamanya menciptakan ulang dunia dalam sebuah kelahiran baru yang mencerminkan dan berasal dari hidup kebangkitan-Nya. Karena mereka memercayai hal-hal tersebut, mereka menyusun ulang hidup mereka sehingga mereka dapat memberitakan kepercayaan mereka—meninggalkan pekerjaan, rumah, dan akhirnya menolak untuk meninggalkan kepercayaan itu sekalipun mereka, satu persatu, dipenggal, disalibkan, ditusuk dengan tombak, dicambuk, dan dirajam batu.

Ada *sesuatu* yang pernah terjadi sehingga menyebabkan semua itu.

Entah Yesus benar-benar bangkit dari kematian, atau ada sesuatu yang lain yang cukup kuat untuk menyebabkan para murid—semua sekaligus—merangkul kepercayaan itu dan menyusun ulang hidup mereka untuk memberitakannya, sekalipun harus menghadapi risiko mati martir. Itulah pertanyaan yang terakhir: Apakah ada orang yang pernah menganjurkan alternatif lain yang berkuasa untuk menjelaskan semua itu? Tentu banyak orang telah berusaha melakukannya.

Mungkin para wanita itu pergi ke makam yang salah dan bergembira atas sebuah kesalahan. Mungkin. Namun, ketika sebuah kepercayaan bahwa Yesus hidup kembali menyebar di seluruh kota seperti kebakaran hutan, mengapa pihak yang berwenang tidak langsung saja mengeluarkan mayat dari dalam makam Yesus? Tentu mereka tahu di mana lokasinya, karena para tentara penjaga Romawi membubuhkan meterai ke atasnya. Selain itu, seperti yang telah lihat, sekadar laporan bahwa makam Yesus kosong tidak akan dapat menciptakan kepercayaan bahwa Yesus telah bangkit. Yesus juga *menampakkan diri* kepada para murid, hidup-hidup! Itulah yang mereka sampaikan kepada kita. Jika Anda hendak mengatakan bahwa mereka salah, silakan. Namun, apa yang terjadi, seandainya kebangkitan itu tidak terjadi?

Mungkin Yesus tidak benar-benar mati, tetapi *hampir* mati, dan akhirnya bisa meloloskan diri dari makam, dan berjalan pulang ke tempat persembunyian murid-murid-Nya. Mungkin. Namun, mengapa . . . tidak, bukan mungkin; itu aneh. Apakah kita benar-benar mengira bahwa Yesus—entah bagaimana dapat bertahan hidup setelah melalui proses penyaliban—yang telah diremukkan dengan cambuk, tangan dan kaki-Nya dipakukan, ditikam dengan tombak, belum lagi mengalami dehidrasi dan kelaparan, bisa tiba-tiba hadir di tengah-tengah para murid dan meyakinkan mereka, yang ketakutan setengah mati, bahwa Ia adalah Tuhan atas kehidupan dan Penakluk maut? Menurut saya, sama sekali tidak mungkin. Mereka tidak akan keluar memberitakan peristiwa itu pada waktu itu; mereka akan membawa-Nya ke dokter!

Baiklah, mungkin para murid mencuri mayat Yesus lalu mengklaim bahwa Yesus hidup kembali—itu akan menjadi hoaks terbesar sepanjang sejarah manusia. Namun tidak; seperti yang saya katakan sebelumnya, tidak ada dari seluruh cerita Injil itu memiliki sifat bohong, dan di atas semuanya, tidak ada orang yang mau mati demi mempertahankan kebohongan. Jika Anda berusaha menciptakan satu kebohongan yang akan dipercaya seluruh dunia, ketika situasinya memburuk dan nyawa Anda terancam—atau paku akan ditancapkan ke pergelangan tangan Anda, atau Anda akan segera dicemplungkan ke minyak mendidih atau dilemparkan dari atas Bait Suci—Anda tidak akan terus berkata, "Sudah kubilang, Orang itu hidup kembali!" Satu-satunya cara Anda akan terus bertahan dengan cerita tersebut dalam situasi-situasi seperti itu adalah *jika Anda benar-benar percaya itu benar.*

Mungkin para murid adalah korban halusinasi massal. Kita telah membahas tuduhan itu dengan panjang lebar. Karena banyak kelompok orang yang berbeda melaporkan telah melihat Yesus, dalam banyak kesempatan yang berbeda, selama beberapa minggu, pandangan halusinasi massal yang menular dan kronis semakin lama semakin meredup karena tidak mungkin. Dan, tentu saja, gagasan "halusinasi massal" itu aneh pada dirinya sendiri.

Mungkin para murid dikuasai oleh sebuah mimpi, penglihatan, pengalaman mistik, atau bahkan sebuah perasaan diampuni dan kehidupan rohani yang baru. Mungkin itulah yang mereka maksud dengan *kebangkitan,* dan bukan gagasan harfiah bahwa Yesus benar-benar bangkit dari kematian. Dengan kata lain, mungkin semua cerita Perjanjian Baru itu hanyalah satu bahasa kiasan untuk kebenaran-kebenaran rohani, yang seharusnya tidak dipahami secara harfiah dan jasmani.

Tidak; kenyataannya adalah pertama-tama, laporan-laporan tentang kebangkitan tidak bersifat kiasan. Laporan-laporan itu merupakan kesaksian dari banyak saksi mata atas peristiwa-peristiwa yang terjadi dalam sejarah, dan dibutuhkan mata yang buta untuk mengabaikan hal itu. Pula, dunia Yahudi abad pertama telah mengenal konsep mimpi atau penglihatan atau pengalaman agamawi yang bersifat ekstatis, dan pernah mengalami beberapa orang mengaku mesias yang telah ditumpas oleh pihak yang berwenang. Dengan latar belakang itu, tidaklah dapat dibayangkan bahwa sebuah mimpi, penglihatan, atau pengalaman mistik, apalagi sekadar perasaan—sekalipun itu terkait dengan "mesias" yang telah dihukum mati—dapat membangkitkan kepercayaan yang mengubah pandangan-dunia dan bertahan kepada kebangkitan Yesus yang mencirikan orang-orang Kristen mula-mula dan mendorong kemantapan hati mereka untuk mati martir. Namun, yang terutama adalah tidak ada orang Yahudi abad pertama yang menggunakan kata *kebangkitan* untuk menjelaskan mimpi, penglihatan, atau pengalaman mistik, apalagi sekadar "perasaan" sekuat apa pun. Itu karena *kebangkitan* memiliki arti yang khusus. Itu berarti tubuh yang hidup kembali secara harfiah dan jasmani, dan itu jelas *tidak* akan dipakai untuk menyebut apa pun yang lain. Namun, itulah tepatnya kata yang dipakai oleh orang-orang Kristen mula-mula untuk menjelaskan apa yang terjadi pada Yesus.

Baiklah, jadi mungkin mereka semua korban dari kasus harapan-pikiran yang parah. Mungkin mereka sangat ingin agar Yesus tidak mati sehingga mereka menipu diri sendiri dengan meyakini Ia hidup kembali. Sekali lagi, tidak. Sekalipun para murid mencari penghiburan pasca kematian Yesus, mereka tidak akan menggagas ide kebangkitan. Jauh lebih mungkin mereka menghibur diri sendiri dengan mengklaim Ia "secara rohani" hidup atau yang lain. Namun, tidak masuk akal bila kita berpikir mereka akan menghidupkan gagasan perombak-pandangan-dunia bahwa Yesus bangkit dan kematian dan dimuliakan sebelum akhir zaman. Satu-satunya cara mereka akan tiba pada kesimpulan itu adalah jika hal-hal yang mereka saksikan dan alami *tidak menyisakan pilihan lain*. Apakah Anda mengerti maksudnya? Orang-orang Kristen mula-mula tidak mengklaim bahwa Yesus hidup kembali karena sebuah harapan. Mereka menyatakan klaim itu karena tidak ada penjelasan lain atas apa yang mereka saksikan. Bukan harapan-pikiran yang menuntun mereka kepada kesimpulan itu, melainkan mata mereka sendiri.

Di atas semua itu, laporan-laporan yang kita miliki tidak menampilkan para murid yang siap untuk menerima bahwa Yesus bangkit dari kematian. Sebaliknya, lama sebelum mereka percaya, mereka sudah sering menunjukkan *ketidakpercayaan*, sehingga Yesus yang telah bangkit harus menegur mereka. Tidak; para murid tidak siap, baik secara psikologis, agamawi, atau budaya, untuk menerima kebangkitan seseorang sebelum akhir zaman. Pemikiran bahwa hal semacam itu bisa saja terjadi meledak di dalam pikiran mereka sehingga mereka berjuang untuk menjelaskan apa artinya.

Jadi, seperti yang saya katakan, ada sesuatu yang terjadi pada hari Minggu pagi itu. Itu tidak dapat disangkal.

Sekarang saya bertanya kepada Anda, *apa sesuatu itu*? Bukan sebuah kesalahan, bukan sebuah pengalaman mendekati kematian, bukan kebohongan atau tipuan, bukan halusinasi massal, bukan mimpi atau penglihatan atau perasaan diampuni yang mistik atau harapan-pikiran—bukan semua ini. Lantas, apa itu?

Bila Anda merenungkan bukti-bukti yang tersaji di hadapan kita—keteguhan orang-orang Kristen mula-mula meyakini bahwa makam itu telah kosong dan menyaksikan Yesus yang telah bangkit, kepercayaan pengubah hidup yang berasal dari pengalaman-pengalaman itu, keputusan mereka untuk mempertahankan iman sekalipun di hadapan ancaman kematian—bukti-bukti ini hanya dapat dijelaskan dengan satu kemungkinan:

> Yesus benar-benar *bangkit dari kematian* secara jasmani sesuai dengan sejarah.

Implikasi-Implikasi dari Kebangkitan Yesus

Sulit untuk mengatakannya, tetapi semua ini bukan sesuatu yang bisa segera kita tinggalkan, bukan? Perkara ini amat penting, bahkan bersifat kekal. Sembari kita akan menutup bab ini, izinkan saya meninggalkan perkataan dari seorang sarjana Alkitab terkenal, N. T. Wright, yang menyimpulkan persoalan tersebut. Bacalah dengan perlahan-lahan, teliti, dan renungkan:

> Tentu saja, [bahwa Yesus hidup kembali] tidak dapat dibuktikan dalam pengertian logika atau matematika. Sejarawan tidak pernah berada dalam posisi seperti Pitagoras. . . . Itu tidak berlaku pada sejarah. Hampir tidak ada yang pernah dibuang secara mutlak. Lagipula, sejarah adalah studi tentang hal yang tidak biasa dan tidak dapat diulangi. Apa yang kita cari adalah kemungkinan yang tertinggi, dan ini dicapai dengan memeriksa segala kemungkinan dan pendapat, dan menanyakan seberapa baik kemungkinan dan pendapat itu menjelaskan fenomena yang ada. Selalu ada kemungkinan ketika membahas tentang kebangkitan bahwa seseorang datang dengan mimpi seorang kritikus yang skeptis: sebuah penjelasan

mengenai kondisi yang cukup sehingga agama Kristen mula-mula bisa muncul, dan menyesuaikannya dengan kategori-kategori epistemologis dan ontologis pasca Abad Pencerahan, atau kategori-kategori kafir arus utama, yang tidak menimbulkan guncangan pada orang-orang Kristen yang kritis. Patut dicatat bahwa, terlepas dari usaha-usaha putus asa dari banyak ahli selama dua ratus tahun terakhir (belum lagi para kritikus sejak zaman Celsus), penjelasan demikian tidak ditemukan. Orang-orang Kristen mula-mula tidak mengarang cerita makam yang kosong, "perjumpaan-perjumpaan" atau "penampakan-penampakan" Yesus yang telah bangkit untuk menjelaskan iman yang mereka miliki. Mereka mengembangkan iman itu karena kemunculan dan penyatuan dari dua fenomena tersebut. Tidak seorang pun mengharapkan hal semacam itu; tidak ada pengalaman yang menghasilkan pemikiran seperti itu; tidak ada orang yang mengarangnya, tidak peduli betapa bersalahnya (atau betapa diampuninya) perasaan yang mereka alami, tidak peduli betapa banyak waktu yang mereka curahkan untuk membaca kitab-kitab suci. Meyakini pendapat yang lain berarti berhenti mempelajari sejarah dan masuk ke dalam dunia fantasi pribadi, sebuah ketidaksesuaian kognitif di mana kaum modernis tidak habis-habisnya mencemaskan bahwa pandangan-dunia pasca Abad Pencerahan sepertinya terancam runtuh tetapi mereka tetap merancang strategi-strategi untuk menopangnya. Dalam hal bukti yang biasanya diterima para sejarawan, persoalan yang kita sajikan—kombinasi makam kosong ditambah penampakan-penampakan yang melahirkan kepercayaan orang Kristen mula-mula—didapati semua orang tanpa celah.[3]

Kita telah melakukan perjalanan panjang memikirkan apakah kita benar-benar dapat memercayai Alkitab. Terlepas dari kenyataan bahwa kita menghadapi banyak pertanyaan di setiap kesempatan, kita telah sampai pada keyakinan historis tingkat tinggi bahwa Alkitab sungguh dapat dipercaya. Inilah yang telah kita lihat: Terjemahan-terjemahan Alkitab kita benar; salinan-salinan yang kita miliki saat ini adalah cetak ulang yang setia dengan naskah-naskah aslinya (atau setidaknya, itu menolong kita untuk memperkirakan naskah-naskah yang asli); dokumen-dokumen yang kita baca adalah dokumen-dokumen yang benar dan terbaik; para penulis Alkitab tidak tertipu dengan khayalan atau hendak menipu atau sekadar menulis cerita fiksi (mereka memberi tahu kita apa yang mereka percaya terjadi); dan terakhir, kita memiliki alasan yang kuat untuk percaya bahwa apa yang mereka *pikir* terjadi, dan apa yang mereka *katakan* terjadi, benar-benar terjadi. Mukjizat-mukjizat yang mereka ceritakan tidak dapat disalahkan, dan tingkat kemasukalannya jauh melebihi catatan-catatan sejarah yang lain menyangkut peristiwa-peristiwa yang supranatural. Di atas semuanya itu, berkaitan dengan mukjizat yang terbesar dari semuanya—kebangkitan Yesus—tidak ada penjelasan yang benar-benar masuk akal selain daripada bahwa itu *memang terjadi*.

Namun, inilah bagian terakhir dari argumen kita. Jika Kebangkitan sungguh terjadi, maka kepercayaan kita terhadap Alkitab langsung membubung tinggi ke tingkat keyakinan yang baru, jauh melebihi keyakinan kita kepada peristiwa yang sekadar ada di dalam sejarah.

Jika Yesus benar-benar bangkit dari antara orang mati, maka Alkitab adalah firman Allah.

---

[3]Wright, The Resurrection of the Son of God, 706-7.

7

Terimalah Perkataan dari Seorang yang telah Bangkit dari Kematian

Terkadang saya berharap buku ini bisa berakhir pada bab sebelumnya.

Saya berharap penekanan buku ini bisa bertumpu pada apa yang baru saja kita bahas karena saya percaya inilah klaim kebenaran yang terpenting dalam sejarah manusia: bahwa kita paling bisa menjelaskan bukti-bukti yang ada di hadapan kita jika Yesus benar-benar bangkit dari kematian dengan bertubuh. Jadi, sekalipun saya berharap Anda akan membaca selebihnya dari buku ini, saya juga berharap Anda dapat menangkap dan takjub dengan memikirkan kesimpulan itu dan implikasi-implikasinya. Apa artinya bagi Anda bila Yesus benar-benar bangkit? Apa yang harus Anda *lakukan* untuk menanggapi kenyataan itu?

Namun, karena buku ini berjudul *Mengapa Harus Percaya Alkitab?* Dan bukan *Mengapa Harus Percaya Yesus Bangkit dari Kematian?*, maka saya harus mengarahkan pertanyaan itu kepada kesimpulannya. Di sepanjang buku ini, kita telah merenungkan dan menerima dokumen-dokumen Alkitab—khususnya Perjanjian Baru dan lebih lagi keempat kitab Injil—sebagai *dokumen-dokumen sejarah*. Namun, kita belum mengatakan bahwa kitab-kitab itu bersifat ilahi atau berasal dari Allah. Kita belum mengatakan bahwa kitab-kitab itu adalah firman Allah atau semuanya tanpa kesalahan dan selalu benar. Bahkan, sama seperti yang akan kita lakukan terhadap setiap dokumen yang kita temukan terkubur di bawah reruntuhan sebuah desa kuno, kita mengizinkan segala kemungkinan bahwa dokumen-dokumen Alkitab mungkin tidak dapat dipercaya sebagai saksi-saksi sejarah. Namun, kita juga telah menyimpulkan dengan keyakinan historis yang tinggi bahwa dokumen-dokumen tersebut dapat dipercaya—dari terjemahan-terjemahan Alkitab yang kita miliki saat ini, sampai kepada *penyebarluasan* dokumen-dokumen aslinya di sepanjang sejarah oleh para penyalin, sampai kepada penerimaan dokumen-dokumen tersebut sebagai dokumen-dokumen yang *berotoritas*, sampai kepada kenyataan bahwa para penulisnya sendiri *dapat dipercaya*, sampai kepada kenyataan bahwa yang mereka tuliskan itu benar. Dari awal sampai akhir, kita telah menjabarkan rentetan keyakinan bahwa Alkitab dapat dipercaya sebagai saksi sejarah.

Namun, ketika kita sebagai orang Kristen berkata bahwa kita percaya kepada Alkitab, bukan berarti kita memiliki *keyakinan historis* di dalamnya. Artinya lebih daripada itu. Itu berarti kita percaya bahwa itu adalah firman Allah, yang diilhamkan oleh sang Pencipta alam semesta sehingga itu secara mutlak benar dalam semua yang dikatakannya. Berikut ini, misalnya, adalah cara "Pernyataan Iman" gereja saya mengatakannya:

> Kami percaya bahwa Alkitab, yaitu 39 kitab Perjanjian Lama dan 27 kitab Perjanjian Baru, adalah firman Allah yang tertulis; bahwa itu ditulis oleh orang-orang yang diilhamkan Allah, dan itu adalah perbendaharaan sempurna yang berisi ajaran-ajaran surgawi; bahwa penulisnya adalah Allah, tujuannya adalah keselamatan dan kebenaran tanpa salah; bahwa itu menyingkapkan prinsip-prinsip yang dipakai Allah untuk menghakimi kita; dan karenanya, itu

akan tetap lestari sampai kiamat; pusat sejati dari kesatuan manusia, dan satu-satunya aturan yang cukup, pasti, dan berotoritas bagi segala pengetahuan, iman, dan ketaatan yang menyelamatkan.[1]

Setiap anggota gereja kami percaya bahwa Alkitab—Perjanjian Lama dan Baru—adalah "firman Allah yang tertulis," yang ditulis oleh "orang-orang yang diilhamkan oleh Allah," yang merupakan sebuah "perbendaharaan sempurna berisi ajaran-ajaran surgawi," dengan "penulisnya adalah Allah," dan hakikatnya "kebenaran tanpa salah." Jelas, semua itu melebihi sebuah keyakinan historis!

Saya tidak memiliki cukup waktu maupun ruang di sini untuk menjelaskan secara cermat semua yang dimaksud oleh orang-orang Kristen ketika mereka memberikan pengakuan itu. Topik-topik seperti *ilham* dan *ineransi* menuntut buku-buku yang khusus membahas hal-hal tersebut. Yang penting di sini adalah kita memahami mengapa orang-orang Kristen mengatakan semua hal yang mulia tentang Alkitab pada mulanya. Dan sederhananya, itu karena Yesus telah bangkit dari kematian. Karena Yesus bangkit, kita percaya apa yang dikatakan-Nya, dan karena Yesus sendiri menerima seluruh Perjanjian Lama dan mengesahkan Perjanjian Baru, kita percaya bahwa keduanya dapat dipercaya dan benar. Intinya seperti itu.

Mesias *akan* Bangkit dari Kematian

Bagi orang-orang Kristen, kebangkitan memiliki banyak arti yang penting. Itu berarti orang-orang yang dipersatukan dengan Yesus oleh iman akan dibangkitkan sama seperti Dia. Itu berarti Allah

---

[1]"What We Believe," Third Avenue Baptist Church, Louisville, KY, diakses 25 Februari 2015, http://www.thirdavenue.org/What-We-Believe.

telah menerima pengorbanan Yesus di kayu salib dan itu lebih dari cukup untuk membayar utang-utang dosa kita. Itu berarti Yesus sekarang hidup untuk menuntun, memerintah, melindungi, memerantarai, dan melakukan kebaikan bagi umat-Nya yang masih hidup di dunia. Itu juga berarti Allah mengesahkan, menerima, membenarkan, dan mengakui semua klaim Yesus mengenai siapa Dia, dan otoritas yang Ia miliki.

Kesimpulan di atas tidak sulit untuk dimengerti. Seperti semua mukjizat yang lain, kebangkitan Yesus bukan sebuah cerita bonus yang dangkal, sekadar penyemangat untuk memastikan sebuah akhir yang baik. Ketika Yesus berbicara tentang hal itu, Ia selalu mengaitkannya dengan klaim-klaim identitas-Nya. Sebagai contoh, Matius memberi tahu kita bahwa Yesus telah menubuatkan kematian dan kebangkitan-Nya tiga kali menjelang akhir pelayanan-Nya, dan setiap kali, Ia menunjukkan itu sebagai *puncak yang diperlukan dan yang akan menegaskan identitas-Nya sebagai Kristus.* Mari kita melihat ketiga nubuatan itu.

Pertama, sekali waktu Yesus bertanya kepada murid-murid-Nya siapa Dia menurut mereka. Petrus menjawab, "Engkau adalah Mesias, Anak Allah yang hidup!" (Mat. 16:16). Frasa itu mengandung jutaan arti, tetapi Petrus pada dasarnya mengakui bahwa Yesus adalah Mesias (artinya "yang diurapi," dan karenanya, Ia seorang Raja) yang telah lama dijanjikan, dinubuatkan, dan dinantikan. Demi mendengar jawaban itu, Yesus bersukacita dan memberi tahu Petrus bahwa ia telah beroleh berkat karena memiliki pengetahuan yang disingkapkan Allah Bapa kepadanya. Setelah itu Yesus mulai bertindak sebagai Raja seperti yang telah diakui oleh Petrus. Ia menetapkan gereja—para duta besar-Nya di dunia—dan berjanji bahwa Ia akan melindungi mereka dalam tugasnya. Ia memberi otoritas kepada para duta besar itu untuk berbicara mewakili-Nya. Dan, yang terpenting, Ia mulai mengajar para murid apa artinya Ia adalah Raja dan Mesias. Jadi, Matius (ingat, ia ada dalam peristiwa itu) memberi tahu kita sebagai berikut:

Sejak waktu itu Yesus mulai menyatakan kepada murid-murid-Nya bahwa Ia harus pergi ke Yerusalem dan menanggung banyak penderitaan dari pihak tua-tua, imam-imam kepala dan ahli-ahli Taurat, lalu dibunuh dan dibangkitkan pada hari ketiga. (Mat. 16:21)

Perhatikan cara Matius menuliskannya: "Sejak waktu itu Yesus mulai menyatakan kepada murid-murid-Nya . . . ." Itu bukan sebuah ajaran sekali waktu selama lima menit, melainkan pokok ajaran Yesus sejak saat itu. Perhatikan juga kata "harus." Ia "harus" pergi ke Yerusalem untuk menderita sengsara dan dibunuh, dan Ia "harus" bangkit dari kematian pada hari yang ketiga. Sekarang, perhatikan kata "menyatakan." Apa artinya bahwa Ia mulai "menyatakan" bahwa semua itu harus terjadi? Menyatakannya melalui apa? Logika? Nalar? Tidak; Ia menyatakan kepada mereka dari Kitab Suci, yaitu dari Perjanjian Lama. Apakah Anda melihat maksudnya? Peranan, misi, dan karenanya, takdir sang Mesias bukanlah sesuatu yang "baru akan ditetapkan." Yesus menjelaskan bahwa itu telah ditetapkan dengan lugas di dalam Perjanjian Lama, dan salah satu yang *akan dilakukan* oleh sang Mesias yang sejati adalah bangkit dari kematian. "Sang Mesias akan bangkit dari kematian," itulah yang sedang disampaikan Yesus. Artinya, "Jika Aku tidak bangkit dari kematian, maka Aku bukan Mesias. Tetapi Aku akan bangkit, dan karenanya . . . ."—Anda pasti paham maksud saya.

Yesus menubuatkan kematian-Nya untuk kedua kalinya beberapa hari kemudian, dan kali ini Ia mengaitkannya dengan nubuatan lain tentang Mesias di dalam Perjanjian Lama. Beginilah cara Matius menjelaskannya:

> Pada waktu Yesus dan murid-murid-Nya bersama-sama di Galilea, Ia berkata kepada mereka: "Anak Manusia akan diserahkan ke dalam tangan manusia dan mereka akan membunuh Dia dan pada hari ketiga Ia akan dibangkitkan." Maka hati murid-murid-Nya itu pun sedih sekali. (Mat. 17:22-23)

Sepertinya, istilah "Anak Manusia" adalah cara favorit Yesus untuk membicarakan identitas-Nya, tetapi itu bukan berarti sekadar "anak seorang manusia." Itu akan menjelaskan banyak hal. Sebaliknya, Ia mengambil gelar yang disebutkan oleh nabi Daniel di dalam Perjanjian Lama, yang mendapatkan penglihatan akan apa yang ia sebut "seorang seperti anak manusia." Itu berarti bahwa sosok yang dilihat Daniel tampak seperti manusia. Namun, perhatikan apa yang dikatakan Daniel dilakukan oleh "seorang seperti anak manusia" itu:

> Aku terus melihat dalam penglihatan malam itu,
>   tampak datang dengan awan-awan dari langit
>   seorang seperti anak manusia;
>   datanglah ia kepada Yang Lanjut Usianya itu,
>   dan ia dibawa ke hadapan-Nya.
> Lalu diberikan kepadanya kekuasaan
>   dan kemuliaan dan kekuasaan sebagai raja,
> maka orang-orang dari segala bangsa,
> suku bangsa dan bahasa
>   mengabdi kepadanya.
> Kekuasaannya ialah kekuasaan yang kekal,

yang tidak akan lenyap,

dan kerajaannya ialah kerajaan

yang tidak akan musnah. (Dan. 7:13-14)

Gelar itulah yang dirujuk Yesus ketika Ia menyebut diri-Nya sebagai *Anak Manusia*. Gelar yang sangat penting ini tidak hanya menunjuk kepada otoritas seorang raja, tetapi bahkan kepada Allah itu sendiri. Namun, sekali lagi perhatikan bagaimana Yesus mengaitkan semua sebutan itu secara khusus dengan kebangkitan-Nya sebagaimana di dalam Matius 17:22 di atas. Ia tidak memakai kata *harus* di sini, tetapi dampaknya sama. Ia bermaksud mengatakan, "*Sama seperti yang telah dinubuatkan Perjanjian Lama*, Anak Manusia harus dibunuh, dan ia harus bangkit kembali pada hari yang ketiga. Jika itu tidak terjadi, maka Aku bukan Anak Manusia. Tetapi *Akulah* Anak Manusia itu; maka, semua ini akan terjadi."

Kali ketiga Yesus menubuatkan kebangkitan-Nya di dalam Injil Matius adalah tepat sebelum Ia pergi ke Yerusalem beberapa hari sebelum Ia disalibkan. Berikut ini catatan Matius:

Ketika Yesus akan pergi ke Yerusalem, Ia memanggil kedua belas murid-Nya tersendiri dan berkata kepada mereka di tengah jalan: "Sekarang kita pergi ke Yerusalem dan Anak Manusia akan diserahkan kepada imam-imam kepala dan ahli-ahli Taurat, dan mereka akan menjatuhi Dia hukuman mati. Dan mereka akan menyerahkan Dia kepada bangsa-bangsa yang tidak mengenal Allah, supaya Ia diolok-olokkan, disesah dan disalibkan, dan pada hari ketiga Ia akan dibangkitkan." (Mat. 20:17-19)

Tidak banyak hal yang baru di sini. Yesus menekankan hal yang sama dengan nubuatan yang sebelumnya: "Karena Akulah Anak Manusia itu; maka, semua ini akan terjadi."

Apakah Anda dapat melihatnya? Yesus selalu mengaitkan kebangkitan-Nya dengan identitas-Nya. Jika itu terjadi, maka Ia adalah Mesias, Kristus, sang Raja, Anak Manusia. Jika tidak, lupakan saja. Setelah peristiwa Kebangkitan, para rasul melakukan hal yang sama. Khotbah Petrus di dalam Kisah Para Rasul 2 jelas mengenai hal ini. Inilah yang dikatakannya:

Hai orang-orang Israel, dengarlah perkataan ini: Yang aku maksudkan, ialah Yesus dari Nazaret, seorang yang telah ditentukan Allah dan yang dinyatakan kepadamu dengan kekuatan-kekuatan dan mujizat-mujizat dan tanda-tanda yang dilakukan oleh Allah dengan perantaraan Dia di tengah-tengah kamu, seperti yang kamu tahu. Dia yang diserahkan Allah menurut maksud dan rencana-Nya, telah kamu salibkan dan kamu bunuh oleh tangan bangsa-bangsa durhaka. Tetapi Allah membangkitkan Dia dengan melepaskan Dia dari sengsara maut, karena tidak mungkin Ia tetap berada dalam kuasa maut itu. Sebab Daud berkata tentang Dia:

"Aku senantiasa memandang kepada Tuhan, karena Ia berdiri di sebelah kananku, aku tidak goyah. Sebab itu hatiku bersukacita dan jiwaku bersorak-sorak, bahkan tubuhku akan diam dengan tenteram, sebab Engkau tidak menyerahkan aku kepada dunia orang mati, dan tidak membiarkan Orang Kudus-Mu melihat kebinasaan. Engkau memberitahukan kepadaku jalan kehidupan; Engkau akan melimpahi aku dengan sukacita di hadapan-Mu."

Saudara-saudara, aku boleh berkata-kata dengan terus terang kepadamu tentang Daud, bapa bangsa kita. Ia telah mati dan dikubur, dan kuburannya masih ada pada kita sampai hari ini. Tetapi ia adalah seorang nabi dan ia tahu, bahwa Allah telah berjanji kepadanya dengan mengangkat sumpah, bahwa Ia akan mendudukkan seorang dari keturunan Daud sendiri di atas takhtanya. Karena itu ia telah melihat ke depan dan telah berbicara tentang kebangkitan Mesias, ketika ia mengatakan, bahwa Dia tidak ditinggalkan di dalam dunia orang mati, dan bahwa daging-Nya tidak mengalami kebinasaan. Yesus inilah yang dibangkitkan Allah, dan tentang hal itu kami semua adalah saksi. Dan sesudah Ia ditinggikan oleh tangan kanan Allah dan menerima Roh Kudus yang dijanjikan itu, maka dicurahkan-Nya apa yang kamu lihat dan dengar di sini. Sebab bukan Daud yang naik ke sorga, malahan Daud sendiri berkata:

"Tuhan telah berfirman kepada Tuanku:
'Duduklah di sebelah kanan-Ku,
    sampai Kubuat musuh-musuh-Mu menjadi
    tumpuan kaki-Mu.'"

Jadi seluruh kaum Israel harus tahu dengan pasti, bahwa Allah telah membuat Yesus, yang kamu salibkan itu, menjadi Tuhan dan Kristus. (Kis. 2:22-36)

Apakah Anda melihat inti dari perkataannya? Ini sebuah petunjuk bagi Anda: "Kalian telah membunuh Yesus, tetapi Allah telah menghidupkan-Nya kembali karena mustahil maut dapat mengurung Dia. Mengapa? Karena seperti yang pernah dikatakan Daud, Allah tidak akan mengizinkan Mesias melihat pembusukan akibat kematian. Daud juga *tidak* mungkin mengatakan dirinya adalah Mesias itu karena ia sendiri telah mati dan dikuburkan, dan kita tahu dimana makamnya sampai hari ini. Jadi, ia pasti sedang berbicara tentang Mesias yang akan datang. Siapa sangka? Allah membangkitkan Yesus ini—kami semua adalah saksi mata atas kenyataan itu. Maka, karena Mesias akan dibangkitkan, dan Yesus telah bangkit, *biarlah seluruh Israel mengetahui dengan pasti bahwa Allah telah membuat Yesus ini—yang telah kalian salibkan—menjadi Tuhan dan Kristus.*"

Petrus tidak bisa menjelaskan dengan lebih jelas lagi. Yesus telah bangkit, dan karenanya, Ia adalah Kristus, seperti yang pernah dikatakan-Nya.

Apa Kaitan Kebangkitan dengan Perjanjian Lama?

Namun, apa kaitan antara kebangkitan dan identitas Yesus sebagai Kristus dengan Alkitab? Semuanya. Perjanjian Lama mengajarkan bahwa otoritas Mesias akan mencakup segala sesuatu, semua sisi, universal, dan mutlak. Ia akan menguasai setiap area kehidupan dan keberadaan. Namun, satu area khusus di mana Ia berotoritas adalah dalam hal berbicara mewakili Allah Bapa. Dengan kata lain, Ia akan menjadi nabi yang sempurna. Allah pernah berjanji bahwa Ia akan mengutus seorang nabi seperti Musa, "Aku akan menaruh firman-Ku dalam mulutnya, dan ia akan mengatakan kepada mereka segala yang Kuperintahkan kepadanya" (Ul. 18:18). Itulah sebabnya Yesus dapat mengatakan sesuatu yang berani seperti, "Aku berkata kepadamu, sesungguhnya Anak tidak dapat mengerjakan sesuatu dari diri-Nya sendiri, jikalau tidak Ia melihat Bapa mengerjakannya; sebab apa yang dikerjakan Bapa, itu juga yang dikerjakan Anak" (Yoh. 5:19). Dan, itulah sebabnya Yohanes akan berkata tentang Yesus, "Sebab siapa yang diutus Allah, Dialah yang menyampaikan firman Allah" (Yoh. 3:34). Kristus adalah sang Nabi, yaitu Dia yang menyingkapkan secara sempurna siapa Allah itu dan apa yang dikatakan-Nya.

Bila kita memahami hal itu, maka adalah luar biasa ketika kita melihat bagaimana Yesus—sang Kristus, Nabi, Dia yang memegang otoritas yang sempurna dan berbicara mewakili Allah—memperlakukan Perjanjian Lama di sepanjang pelayanan-Nya di bumi. Ambil contoh, misalnya, catatan Lukas mengenai apa yang dikatakan Yesus kepada murid-murid-Nya setelah kebangkitan-Nya:

Ia berkata kepada mereka: "Inilah perkataan-Ku, yang telah Kukatakan kepadamu ketika Aku masih bersama-sama dengan kamu, yakni bahwa harus digenapi semua yang ada tertulis tentang Aku dalam kitab Taurat Musa dan kitab nabi-nabi dan kitab Mazmur." (Luk. 24:44)

Orang-orang Yahudi sering kali menggunakan singkatan untuk menyebut kitab-kitab Perjanjian Lama, seperti kitab "Taurat, Nabi-Nabi, dan Sastra", atau sekadar kitab "Taurat dan Nabi-Nabi." Jadi, ketika Yesus berkata bahwa "Taurat Musa dan kitab nabi-nabi dan kitab Mazmur" (kitab Mazmur mewakili kitab-kitab Sastra) harus digenapi, Ia sedang mengesahkan otoritas seluruh Perjanjian Lama dari awal sampai akhir. (Secara tidak langsung, Ia juga dengan jelas menetapkan cakupan kanon Perjanjian Lama sebanyak tiga puluh sembilan kitab yang diakui oleh orang-orang Yahudi.)

Namun, kesaksian Yesus atas Perjanjian Lama lebih dalam dari itu. Ia tidak hanya menganggapnya berotoritas; Ia juga mengatakan bahwa itu adalah firman Allah. Perhatikan perikop dari Matius 19 ini:

> Maka datanglah orang-orang Farisi kepada-Nya untuk mencobai Dia. Mereka bertanya: "Apakah diperbolehkan orang menceraikan isterinya dengan alasan apa saja?" Jawab Yesus: "Tidakkah kamu baca, bahwa Ia yang menciptakan manusia sejak semula menjadikan mereka laki-laki dan perempuan? Dan firman-Nya: Sebab itu laki-laki akan meninggalkan ayah dan ibunya dan bersatu dengan isterinya, sehingga keduanya itu menjadi satu daging. Demikianlah mereka bukan lagi dua, melainkan satu. Karena itu, apa yang telah dipersatukan Allah, tidak boleh diceraikan manusia." (ay. 3-6)

Ceritanya, beberapa pemimpin Israel menanyai Yesus menyangkut pemahaman Alkitab-Nya. Jelas, mereka lebih terarik untuk menjebak dan merendahkan-Nya daripada mendengarkan ajaran-Nya. Jalannya percakapan tersebut memang menarik, tetapi saya ingin Anda melihat bahwa Yesus mengakui Dia yang berkata, "Sebab itu laki-laki akan meninggalkan ayah dan ibunya" sebagai "Ia yang menciptakan manusia sejak semula." Namun, yang paling menarik adalah jika Anda membaca Kitab Kejadian, Anda akan menemukan bahwa tidak ada indikasi bahwa kalimat tersebut berasal dari Allah. Sebaliknya, itu terdengar seperti komentar penulis atas situasi yang terjadi di dalam konteks pasal tersebut. Namun, inilah penekanannya: Yesus bahkan mengakui bahwa bagian-bagian Perjanjian Lama di mana Allah tidak benar-benar berbicara adalah firman Allah sendiri.

Anda dapat melihat hal yang sama di dalam Markus 12:36 ketika

Yesus mengutip sebuah mazmur yang ditulis oleh Daud, tetapi Ia memulainya dengan berkata, "Daud sendiri oleh pimpinan Roh Kudus . . ." Anda lihat? Dari awal sampai akhir, Yesus sang Mesias mengakui dan menegaskan bahwa setiap kata di dalam Perjanjian Lama adalah firman Allah, dan karenanya, itu benar dari awal sampai akhir. Itulah yang berlaku pada ajaran-ajaran Perjanjian Lama tentang Allah, dan menurut Yesus, itu juga berlaku pada klaim-klaim sejarahnya. Pada momen-momen tertentu di dalam keempat Injil, Yesus berbicara tentang tokoh-tokoh dan cerita dari Perjanjian Lama—Adam dan Hawa, Kain dan Habel, Nuh, Abraham, Sodom dan Gomora, Ishak, Yakub, Musa, dan manna yang turun di padang gurun, ular perunggu, Daud dan Salomo, Ratu Syeba, Elia dan Elisa, janda di Sarfat, Naaman, Yesaya, Yeremia, Zakharia, dan bahkan Yunus yang ditelan ikan raksasa— dan memperlakukannya sebagai hal-hal yang akurat di dalam sejarah. Yesus memercayainya dalam segala rinciannya. Dan, itu penting, sebab Ia adalah Kristus.

Terkadang orang-orang tersandung pada titik tersebut dan berkata, "Namun, tidakkah Yesus juga mengoreksi bagian-bagian tertentu dari Perjanjian Lama? Tidakkah Ia menganggap beberapa bagiannya salah atau tidak cukup dan memberi tahu para pengikut-Nya untuk memercayai sesuatu yang berbeda?" Tidak. Memang ada waktu-waktu ketika Yesus berkata seperti ini, "Kamu telah mendengar firman . . . tetapi Aku berkata kepadamu." Kita tidak memiliki waktu untuk membahas semua contohnya secara rinci (Anda dapat menemukan penjelasan-penjelasan yang lengkap dalam buku-buku tafsir Alkitab), tetapi hal yang harus disadari adalah bahwa pada setiap pokok pikiran tersebut, Yesus tidak sedang mengoreksi Perjanjian Lama. Ia sedang mengoreksi usaha orang-orang Farisi yang salah dan jahat melencengkan arti sejati dari

Perjanjian Lama atau membuat pengecualian bagi mereka sendiri. Itu berarti, jauh dari mengoreksi Perjanjian Lama, Yesus sebenarnya sedang menyatakan otoritas raja dan nabi-Nya untuk mengatakan apa yang sesungguhnya dimaksud oleh Perjanjian Lama pada mulanya. Ia menegaskan kuasa, otoritas, dan kebenarannya di dalam kehidupan bangsa Israel. Maka, Ia menjelaskan sebelum ia mulai melakukannya di dalam Khotbah di Bukit, "Janganlah kamu menyangka, bahwa Aku datang untuk meniadakan hukum Taurat atau kitab para nabi. Aku datang bukan untuk meniadakannya, melainkan untuk menggenapinya" (Mat. 5:17).

Apakah Anda melihat maksudnya? Tentu saja, masih ada banyak pertanyaan tentang hermeneutika dan penafsiran Alkitab, bagaimana kita seharusnya memahami hal tertentu, dan bagaimana itu sejalan dengan kehidupan, kovenan, atau dispensasi, orang-orang Kristen. Selain itu, Perjanjian Lama menampilkan persoalan uniknya menyangkut penyebarluasan, kanonisasi, dan kepenulisan Alkitab, dan Anda dapat membaca buku-buku tebal yang ditulis para sarjana Alkitab menyangkut semua topik tersebut (baca bagian Lampiran). Namun, inilah yang penting; inilah sebabnya mengapa semua buku yang tebal itu dimulai dengan kepercayaan bahwa Perjanjian Lama adalah firman Allah: karena Yesus, Mesias yang telah bangkit itu, mengatakan demikian. Karena itu, kita memercayai Alkitab.

Apa Artinya Kebangkitan bagi Perjanjian Baru?

Jadi, bagaimana dengan Perjanjian Baru? Terus terang, segalanya tidak lugas bila berkaitan dengan Perjanjian Baru. Lagipula, ketika Yesus hidup di bumi, Perjanjian Baru belum lagi ditulis.

Meski demikian, kepercayaan orang-orang Kristen bahwa

Perjanjian Baru adalah firman Allah juga berkaitan dengan otoritas Yesus sebagai Mesias yang hidup kembali, hanya saja dengan cara yang sedikit berbeda. Apakah Anda masih ingat, di dalam Bab 4 dari buku ini, kita berkata bahwa orang-orang Kristen mula-mula selalu berbicara tentang kitab-kitab kanon berotoritas yang *diwariskan* kepada mereka, dan kriteria utama yang mereka pakai untuk membela kitab-kitab itu adalah otoritas rasuli? Pada waktu itu kita sekadar memberi alasan atas pengakuan itu sebagai persoalan sejarah. Tentu masuk akal bila kita memercayai kitab-kitab yang mendapatkan meterai persetujuan dari para saksi mata.

Namun, itu bukan alasan satu-satunya, atau yang utama, mengapa kerasulan menjadi kriteria utama gereja mula-mula untuk mengakui otoritas dari kitab-kitab yang diterima. Alasan utamanya, sekali lagi, kembali kepada otoritas Yesus. Di dalam Yohanes 16, ketika Yesus memberikan ajaran-ajaran terakhir-Nya kepada para murid, Ia berjanji bahwa setelah kebangkitan dan kenaikan-Nya ke surga, Ia akan mengutus Roh Kudus untuk menyampaikan ajaran lebih lanjut yang Ia ingin mereka terima. Itu sebuah perikop yang luar biasa.

"Masih banyak hal yang harus Kukatakan kepadamu, tetapi sekarang kamu belum dapat menanggungnya. Tetapi apabila Ia datang, yaitu Roh Kebenaran, Ia akan memimpin kamu ke dalam seluruh kebenaran; sebab Ia tidak akan berkata-kata dari diri-Nya sendiri, tetapi segala sesuatu yang didengar-Nya itulah yang akan dikatakan-Nya dan Ia akan memberitakan kepadamu hal-hal yang akan datang. Ia akan memuliakan Aku, sebab Ia akan memberitakan kepadamu apa yang diterimanya dari pada-Ku. Segala sesuatu yang Bapa punya, adalah Aku punya; sebab itu Aku berkata: Ia akan memberitakan kepadamu apa yang diterimanya dari pada-Ku." (ay. 12-15)

Bukankah itu sebuah rantai komando yang luar biasa? Segala sesuatu yang harus Ia sampaikan berasal dari Allah Bapa (sekali lagi, otoritas kenabian Yesus bekerja), dan Ia akan menyampaikan semua yang berasal dari Bapa kepada Roh Kudus, yang pada gilirannya akan menyatakannya kepada para rasul. Apakah Anda lihat? Yesus sedang memberi tahu murid-murid-Nya bahwa ada banyak ajaran yang akan disampaikan kepada mereka. Menarik untuk dilihat bahwa para rasul sendiri, di dalam tulisan-tulisan mereka, sepertinya menyadari bahwa mereka menulis dengan otoritas Roh Kudus. Ada satu ayat yang secara khusus penting. Di dalam 2 Petrus 3, Rasul Petrus sedang menguatkan para pembaca suratnya untuk bertahan sampai akhir. Lalu, ia berkata:

Anggaplah kesabaran Tuhan kita sebagai kesempatan bagimu untuk beroleh selamat, seperti juga Paulus, saudara kita yang kekasih, telah menulis kepadamu menurut hikmat yang dikaruniakan kepadanya. Hal itu dibuatnya dalam semua suratnya, apabila ia berbicara tentang perkara-perkara ini. Dalam surat-suratnya itu ada hal-hal yang sukar difahami, sehingga orang-orang yang tidak memahaminya dan yang tidak teguh imannya, memutarbalikkannya menjadi kebinasaan mereka sendiri, sama seperti yang juga mereka buat dengan tulisan-tulisan yang lain. (ay. 15-16)

Menyenangkan untuk melihat bahwa Petrus mengira tulisan-tulisan Paulus "sukar difahami." Tidak sedikit orang Kristen yang lain terkadang merasakan hal yang sama! Namun, Petrus juga berkata bahwa Paulus menulis "menurut hikmat yang dikaruniakan kepadanya." Bukan hikmat biasa yang ia bicarakan di sini, tetapi ia mengingatkan akan janji Yesus kepada para murid bahwa Ia akan mengutus Roh Kudus untuk memimpin mereka kepada segala kebenaran. Lalu, pada akhirnya, Petrus berkata bahwa "orang-orang yang tidak memahaminya dan yang tidak teguh imannya" terkadang akan melencengkan perkataan Paulus demi tujuan mereka sendiri, *sama seperti yang mereka lakukan terhadap kitab-kitab yang lain!* Jelaslah bahwa Petrus sedang menempatkan tulisan-tulisan Paulus pada tingkat otoritas yang sama dengan kitab-kitab di dalam Perjanjian Lama. Itu adalah penggenapan dari apa yang pernah dijanjikan Yesus akan dilakukan-Nya melalui Roh Kudus.

Rantai komando ini menjelaskan mengapa orang-orang Kristen mula-mula sangat menekankan kebutuhan untuk menelusuri kaitan dokumen kanon kepada para rasul. Bukan hanya orang-orang itu merupakan saksi-saksi mata, tetapi juga karena mereka *secara khusus telah disahkan* oleh sang Raja untuk mengajarkan kepada gereja apa yang ingin Ia ajarkan.

Di dalam Bab 4 kita telah menyimpulkan bahwa kita bisa yakin bahwa kitab-kitab Perjanjian Baru membawa otoritas yang sama. Jika Anda perlu membaca kembali bab tersebut, silakan. Ada banyak bukti sejarah yang menegaskan bahwa kita memiliki kitab-kitab yang benar. Namun, patut dicatat bahwa sebagai orang-orang Kristen, keyakinan kita bahwa Perjanjian Baru mewakili apa yang Yesus ingin kita terima tidak sekadar didasarkan pada bukti sejarah, tetapi juga didasarkan pada pemahaman bahwa bagian dari pekerjaan Roh Kudus adalah "memimpin kepada segala kebenaran" (Yoh. 16:13)—termasuk dalam proses kanonisasi. Maksud saya, setelah Anda tiba pada kesimpulan bahwa Yesus bangkit dari kematian, dan karenanya Ia adalah Raja atas alam semesta, Anda segera melompat kepada kesimpulan bahwa Ia dapat memastikan "segala kebenaran" yang Ia janjikan terlaksana dengan baik.

Sekarang Anda telah mengerti. Jika Yesus benar-benar bangkit dari kematian, maka Ia adalah Mesias, Kristus, Raja, Anak Allah, dan Nabi sempurna yang telah lama dinantikan. Dan, jika itu benar, maka kita lebih baik mengarahkan perhatian kita kepada Dia, termasuk pengakuan-Nya bahwa Perjanjian Lama adalah firman Allah. Tidak hanya itu, tetapi kita juga memiliki banyak alasan untuk meyakini bahwa Ia melakukan apa yang telah Ia janjikan—mengutus Roh Kudus untuk memimpin para rasul ke dalam seluruh kebenaran yang ingin Ia ungkapkan kepada mereka demi kebaikan gereja—lalu memercayai pekerjaan Roh Kudus dalam menuntun gereja mengenali kebenaran itu.

Karena itu, pada akhirnya, jawaban yang dapat diberikan seorang Kristen kepada pertanyaan, "Mengapa harus percaya Alkitab?" adalah "Karena Raja Yesus yang telah bangkit *mengakui* Perjanjian Lama dan *mengesahkan* Perjanjian Baru." Itu bukan presuposisi. Itu bukan sebuah lompatan-iman secara buta. Itu sebuah kesimpulan cermat yang didapatkan dari argumen-argumen bahwa:

1.   Alkitab dapat dipercaya sesuai dengan sejarah;
2.   Yesus benar-benar bangkit dari kematian;
3.   maka, seluruh Alkitab bertumpu pada otoritas Yesus.

Itulah sebabnya kita memercayai Alkitab.

Itulah sebabnya kita mengandalkannya.

Kata-Kata Penutup

Pertanyaan Terakhir

Seperti yang telah saya katakan di awal dari buku ini, jika Anda orang Kristen, saya sungguh berharap pembahasan di dalamnya akan menantang Anda untuk memikirkan tentang orang-orang Kristen dan Alkitab dengan cara yang sedikit berbeda dari yang Anda pikirkan sebelumnya. Saya harap Anda telah menyadari bahwa kami orang-orang Kristen tidak memercayai apa yang kami percayai tanpa alasan yang kuat atau berdasarkan presuposisi yang tidak berdasar. Saya harap setidaknya Anda sekarang dapat berkata, "Mungkin ada yang lebih dari iman Kristen daripada yang awalnya saya pikirkan."

Namun, saya juga berharap Anda tidak mengakhiri penyelidikan Anda akan agama Kristen di sini. Membaca buku ini hanya *sedikit* meningkatkan pemahaman Anda akan kenyataan bahwa Alkitab dapat dipercaya. Saya berharap Anda mau meluangkan waktu untuk melanjutkan kepada pertanyaan berikut yang lebih penting, yang berulang kali diajukan oleh Alkitab: Siapa sesungguhnya Yesus itu?

Siapakah Dia menurut kata-kata-Nya sendiri? Dan, mengapa itu penting? Tiba pada kesimpulan bahwa Alkitab dapat dipercaya merupakan sebuah proses; tujuan akhirnya adalah menyadari bahwa Yesus dapat dipercaya. Saya pikir, Rasul Yohanes merangkumnya dengan paling baik:

tetapi semua yang tercantum di sini telah dicatat,
supaya kamu percaya,
bahwa Yesuslah Mesias,
Anak Allah,
dan supaya kamu oleh imanmu
memperoleh hidup dalam nama-Nya.
(Yoh. 20:31)

Lampiran

Buku-Buku yang Berguna untuk Penyelidikan Lebih Lanjut

Dalam menulis buku ini, saya secara khusus bersandar pada dua buku yang ditulis oleh Craig Blomberg, yaitu *The Historical Reliability of the Gospels dan Can We Still Believe the Bible? An Evangelical Engagement with Contemporary Questions.* Keduanya sangat baik bagi orang-orang yang ingin menyelidiki persoalan-persoalan yang dibahas di dalam buku ini. Jika Anda ingin menyelidiki lebih lanjut, saya menyarankan untuk memulainya dengan buku-buku berikut:

Terjemahan Alkitab

Blomberg, Craig L. *Can We Still Believe the Bible? An Evangelical Engagement with Contemporary Questions.* Grand Rapids, MI: Brazos, 2014.

Fee, Gordon D. dan Mark L. Strauss. *How to Choose a Bible Translation for All Its Worth: A Guide to Understanding and Using Bible Versions.* Grand Rapids, MI: Zondervan, 2007.

Wegner, Paul D. *The Journey from Texts to Translations: The Origin and Development of the Bible.* Grand Rapids, MI: Baker Academic, 1999.

Penyebarluasan Naskah-Naskah Alkitab

Blomberg, Craig L. *Can We Still Believe the Bible? An Evangelical Engagement with Contemporary Questions.* Grand Rapids, MI: Brazos, 2014.

Metzger, Bruce M. *A Textual Commentary on the Greek New Testament.* Ed. ke-2. Stuttgart: United Bible Societies, 2012.

Wallace, Daniel B. *Revisiting the Corruption of the New Testament: Manuscript, Patristic, and Apocryphal Evidence.* Grand Rapids, MI: Kregel, 2011.

Wegner, Paul D. *The Journey from Texts to Translations: The Origin and Development of the Bible.* Grand Rapids, MI: Baker Academic, 1999

Kanonisasi

Blomberg, Craig L. *Can We Still Believe the Bible? An Evangelical Engagement with Contemporary Questions.* Grand Rapids, MI: Brazos, 2014.

Bruce, F. F. *The Canon of Scripture.* Downers Grove, IL: IVP Academic, 1988.

Hill, C. E. *Who Chose the Gospels? Probing the Great Gospel Conspiracy.* Oxford: Oxford University Press, 2010.

Kruger, Michael J. *Canon Revisited: Establishing the Origins and Authority of the New Testament Books.* Wheaton, IL: Crossway, 2012.

Wegner, Paul D. *The Journey from Texts to Translations: The Origin and Development of the Bible.* Grand Rapids, MI: Baker Academic, 1999.

Keandalan Para Penulis Alkitab

Blomberg, Craig L. *Can We Still Believe the Bible? An Evangelical Engagement with Contemporary Questions.* Grand Rapids, MI: Brazos, 2014.

———. *The Historical Reliability of the Gospels.* Ed. ke-2. Downers Grove, IL: IVP Academic, 2007.

Bruce, F. F. *The New Testament Documents: Are They Reliable?* Ed. ke-6. Grand Rapids, MI: Eerdmans / Downers Grove, IL: InterVarsity Press, 2003.

Hoffmeier, James K., dan Dennis R. Magary, eds. *Do Historical Matters Matter to Faith?: A Critical Appraisal of Modern and Postmodern Approaches to Scripture.* Wheaton, IL: Crossway, 2012

Mukjizat-Mukjizat Yesus

Blomberg, Craig L. *Can We Still Believe the Bible? An Evangelical Engagement with Contemporary Questions.* Grand Rapids, MI: Brazos, 2014.

Keener, Craig S. *Miracles: The Credibility of the New Testament Accounts.* Grand Rapids, MI: Baker Academic, 2011.

Kebangkitan Yesus

Habermas, Gary R., dan Michael R. Licona. *The Case for the Resurrection of Jesus.* Grand Rapids, MI: Kregel, 2004.

Strobel, Lee. *The Case for the Resurrection: A First-Century Reporter Investigates the Story of the Cross.* Grand Rapids, MI: Zondervan, 2009.

Wright, N. T. *The Resurrection of the Son of God.* Jilid. 3 dari *Christian Origins and the Question of God.* Minneapolis: Fortress, 2003.

Persoalan-Persoalan Menyangkut Perjanjian Lama

Hoffmeier, James K., dan Dennis R. Magary, eds. *Do Historical Matters Matter to Faith?: A Critical Appraisal of Modern and Postmodern Approaches to Scripture.* Wheaton, IL: Crossway, 2012.

Longman, Tremper, III, dan Raymond B. Dillard. *An Introduction to the Old Testament.* Ed. ke-2. Grand Rapids, MI: Zondervan, 2006.

Wegner, Paul D. *The Journey from Texts to Translations: The Origin and Development of the Bible.* Grand Rapids, MI: Baker Academic, 1999.

Inspirasi dan Ineransi Alkitab

DeYoung, Kevin. *Taking God at His Word: Why the Bible Is Knowable, Necessary, and Enough, and What That Means for You and Me.* Wheaton, IL: Crossway, 2014.

Kaiser, Walter C., Jr., Peter H. Davids, F. F. Bruce, dan Manfred T. Brauch. *Hard Sayings of the Bible.* Downers Grove, IL: InterVarsity Press, 2010.

MacArthur, John, ed. *The Scripture Cannot Be Broken: Twentieth Century Writings on the Doctrine of Inerrancy.* Wheaton, IL: Crossway, 2015.

Packer, J. I. *"Fundamentalism" and the Word of God: Some Evangelical Principles.* Grand Rapids, MI: Eerdmans, 1958.

Sproul, R. C. *Can I Trust the Bible?* Crucial Questions Series 2. Lake Mary, FL: Reformation Trust, 2009.

Tentang Seri Buku Ini

Seri buku 9Marks memiliki dua pemikiran mendasar. Pertama, gereja lokal jauh lebih penting bagi kehidupan orang Kristen daripada yang disadari banyak orang Kristen. Kami, yang ada di lembaga 9Marks meyakini bahwa bila orang Kristen sehat, maka gereja juga sehat.

Kedua, gereja-gereja lokal akan bertumbuh bila mereka mengatur hidupnya sesuai dengan firman Allah. Allah berfirman; gereja mendengar dan mengikutinya; sesederhana itu. Ketika sebuah gereja mendengar dan mengikuti firman Allah, itu akan mulai menyerupai Dia yang diikutinya. Gereja akan mencerminkan kasih dan kekudusan Allah. Gereja akan menampilkan kemuliaan-Nya. Gereja akan tampak seperti Allah bila mereka mendengar Dia.

Sambil merenungkan pemikiran tersebut, para pembaca akan mengamati bahwa istilah "9marks [sembilan tanda]" diambil dari buku yang ditulis oleh Mark Dever berjudul *Nine Marks of a Healthy Church* (Crossway, ed. ke-3, 2013). Sembilan tanda itu adalah:

- khotbah Alkitab secara eskposisional;
- teologi yang alkitabiah;
- pemahaman Injil yang alkitabiah;
- pemahaman akan pertobatan yang alkitabiah;
- pemahaman akan penginjilan yang alkitabiah;
- pemahaman akan keanggotaan gereja yang alkitabiah;
- pemahaman akan disiplin gereja yang alkitabiah;

- pemahaman akan kemuridan dan pertumbuhan rohani yang alkitabiah; dan

- pemahaman akan kepemimpinan gereja yang alkitabiah.

Ada banyak lagi yang dapat dikatakan mengenai apa yang harus dilakukan gereja agar menjadi sehat, seperti misalnya berdoa. Namun, kami percaya, kesembilan praktik tersebut adalah yang paling sering diabaikan pada hari-hari ini (tidak seperti berdoa). Jadi, pesan utama kami kepada gereja-gereja adalah ini: Jangan melihat kepada praktik bisnis yang terbaik atau gaya hidup yang terbaru; lihatlah kepada Allah. Mulailah dengan mendengarkan firman Allah kembali.

Dari seluruh proyek ini munculah seri buku 9Marks. Buku-buku ini dimaksudkan untuk menyelidiki sembilan tanda (9marks) dengan lebih saksama dan dari sudut-sudut yang berbeda. Beberapa buku menargetkan para pendeta; beberapa menyasar anggota gereja. Harapannya, semua buku tersebut menggabungkan penyelidikan Alkitab yang cermat, perenungan teologis, pertimbangan budaya, penerapan bersama, dan sedikit nasihat kepada individu. Buku Kristen yang baik selalu bersifat teologis dan praktis.

Kami berdoa agar Allah memakai buku ini dan buku-buku lain dalam seri ini untuk mempersiapkan mempelai-Nya, yaitu gereja, sehingga menjadi semarak dan kemilau pada hari kedatangan Tuhan.

Buku-Buku 9 Marks yang Lain

Church in Hard Places: How the Local Church Brings Life to the Poor and Needy, Mez McConnell dan Mike McKinley (2016)

The Compelling Community: Where God's Power Makes a Church Attractive, Mark Dever dan Jamie Dunlop (2015)

The Pastor and Counseling: The Basics of Shepherding Members in Need, Jeremy Pierre dan Deepak Reju (2015)

Who Is Jesus?, Greg Gilbert *(2015) Nine Marks of a Healthy Church*, edisi ke-3, Mark Dever (2013)

Finding Faithful Elders and Deacons, Thabiti M. Anyabwile (2012) Am I Really a Christian?, Mike McKinley (2011)

What Is the Gospel?, Greg Gilbert (2010)

Biblical Theology in the Life of the Church: A Guide for Ministry, Michael Lawrence (2010)

Church Planting Is for Wimps: How God Uses Messed-up People to Plant Ordinary Churches That Do Extraordinary Things, Mike McKinley (2010)

It Is Well: Expositions on Substitutionary Atonement, Mark Dever an Michael Lawrence (2010)

What Does God Want of Us Anyway? A Quick Overview of the Whole Bible, Mark Dever (2010)

The Church and the Surprising Offense of God's Love: Reintroducing the Doctrines of Church Membership and Discipline, Jonathan Leeman (2010)

What Is a Healthy Church Member?, Thabiti M. Anyabwile (2008)

12 Challenges Churches Face, Mark Dever (2008)

The Gospel and Personal Evangelism, Mark Dever (2007)

What Is a Healthy Church?, Mark Dever (2007)

Tentang Membangun Gereja yang Sehat

Diedit oleh Mark Dever dan Jonathan Leeman

Church Discipline: How the Church Protects the Name of Jesus, Jonathan Leeman (2012)

Church Elders: How to Shepherd God's People Like Jesus, Jeramie Rinne (2014)

Church Membership: How the World Knows Who Represents Jesus, Jonathan Leeman (2012)

Evangelism: How the Whole Church Speaks of Jesus, J. Mack Stiles (2014)

Expositional Preaching: How We Speak God's Word Today, David R. Helm (2014)

The Gospel: How the Church Portrays the Beauty of Christ, Ray Ortlund (2014)

Sound Doctrine: How a Church Grows in the Love and Holiness of God, Bobby Jamieson (2013)

APAKAH GEREJA ANDA SEHAT?

9Marks ada untuk memperlengkapi para pemimpin gereja dengan pemahaman Alkitab dan berbagai sumber daya praktis untuk menyatakan kemuliaan Allah kepada segala bangsa melalui gereja-gereja yang sehat.

Untuk bisa mencapai itu, kami ingin membantu gereja-gereja menumbuhkan sembilan tanda gereja yang sehat yang seringkali diabaikan:

1. Khotbah eksposisi
2. Pengajaran tentang Injil
3. Pemahaman Alkitab tentang Pertobatan dan Penginjilan
4. Keanggotaan Gereja yang Sesuai Alkitab
5. Disiplin Gereja yang Sesuai Alkitab
6. Perhatian terhadap Pemuridan dan Pertumbuhan yang sesuai Alkitab
7. Kepemimpinan Gereja yang Sesuai Alkitab
8. Pemahaman Alkitab tentang Praktik Berdoa
9. Pemahaman dan Praktik Alkitab tentang Misi

Di lembaga 9Marks, kami menulis artikel, buku, review buku, dan jurnal daring. Kami mengadakan konferensi, mencatat wawancara dan menghasilkan berbagai sumber daya lain untuk memperlengkapi gereja-gereja agar bisa menyatakan kemuliaan Allah.

Kunjungi website kami untuk mendapatkan tulisan-tulisan **dalam 40+ bahasa** dan daftarkan diri Anda untuk menerima jurnal daring kami secara cuma-cuma. Baca daftar lengkap website kami dalam bahasa lain di sini: **9marks.org/about/international-efforts**

9marks.org

Belajar Membela
Kebenaran Firman Allah

"Gilbert mengajukan argumen-argumen yang meyakinkan bahwa Alkitab dapat dipercaya dan memperlengkapi orang-orang percaya dengan sebuah alat yang penting untuk menghadapi dunia yang skeptis."

Josh McDowell, penulis dan pembicara

"Dalam bahasa sehari-hari, ia menunjukkan mengapa kita bisa memercayai Alkitab dan memperhatikan apa yang dikatakannya tentang hidup."

Darrell L. Bock, Direktur Eksekutif Bidang Keterlibatan Budaya, Howard G. Hendricks Center, dan Guru Besar Peneliti Senior Studi Perjanjian Baru, Dallas Theological Seminary

"Karena berasal dari penelitian yang cermat dan mudah dibaca, buku ini akan menjadi salah satu buku rujukan baru saya bagi para pencari kebenaran dan orang-orang yang baru percaya kepada Yesus."

J. D. Greear, Pendeta Utama, The Summit Church, Durham, Carolina Utara

"Buku Mengapa Harus Percaya Alkitab? adalah sebuah buku yang baik dalam memperlengkapi orang-orang Kristen untuk membela Alkitab dengan semangat, dan menantang orang-orang yang skeptis untuk memikirkan ulang pendapat mereka."

Christian Wegert, Pendeta Senior, Arche Gemeinde, Hamburg, Jerman

Greg Gilbert (MDiv, The Southern Baptist Theological Seminary; BA, Yale University) adalah pendeta senior di Third Avenue Baptist Church di Louisville, Kentucky. Ia adalah penulis buku *Apakah Injil itu? Dan Siapakah Yesus itu?* dan penulis pendamping (bersama Kevin DeYoung) buku What Is the Mission of the Church?